戦史・紛争史叢書①

東西冷戦史㈠ 二つに分断された世界

山崎雅弘

LIBRARY OF WAR HISTORY
#1: COLD WAR Pt.1
YAMAZAKI MASAHIRO

ALTER PRESS

はじめに

二〇世紀は、戦乱の時代であった。

その一〇〇年の前半だけでも、第一次と第二次の二度にわたる世界大戦をはじめ、日露戦争、ロシア内戦と連合国の干渉戦争（日本軍のシベリア出兵も含む）、第一次と第二次のバルカン戦争、スペイン内戦、インドシナ戦争、インドネシア独立戦争、第一次中東戦争など、数多くの戦争が地球上で発生し、厖大な数の死者を出した。

幸運にも生き延びた側にいても、心や身体に深い傷を負う者、家や財産を失って難民となる者など、理不尽な苦しみを味わわされた人の数は計り知れない。

戦争や紛争はなぜ繰り返されるのか。その重い命題に、昔から多くの人間が取り組んできたが、人類はいまだその答えを見出せてはいない。だが、その不条理が起きる可能性をわずかでも減らしたいと思うなら、たとえゴールの光は見えなくとも、あきらめずに、そこに少しでも近づく努力を続けなくてはならない。

戦争や紛争は常に、新たな形態で発生し、特に軍事面では過去の戦訓が役立たないことも多い。隣国ドイツからの侵入を防ぐ目的で、第一次世界大戦の戦訓に基づいて構築されたフランスの大要塞「マジノ線」が、戦車や航空機の発達で完全な「時代遅れ」「役立たず」となっていることに気づかれず、二〇年後に勃発した第二次世界大戦ではドイツ軍の電撃的な侵攻をまったく防げなかったのも、そうした教訓の典型的な一例と言える。

その一方で、戦争や紛争に至る「前段階」の政治的変化や国家間の対立がエスカレートするプロセスに目を向けると、軍事技術の変化とは別の次元で、過去から現在まで共通するパターンを数多く読み取ることができる。

いったん戦争や紛争が始まってしまえば、主に「軍事」の出番となるが、その発生回避という段階では、さまざまな政治面の相互誤解や感情的な言動の応酬、国家指導部の面子や威信への固執など、昔も今も変わらない人間的要素と「理性の限界」が、その後の展開を大きく左右する。従って、戦争や紛争の勃発を回避するためには、その前段階にこそ目を向け、何が指導者や国民の判断を狂わせるのかを理解しておく必要がある。

これは決して空想的な絵空事でも理想論でもない。一九六二年に発生したキューバ危機（本書の続刊で紹介予定）の際、時のアメリカ大統領ジョン・F・ケネディと閣僚らは、第一次世界大戦が発生した経緯を研究したバーバラ・タックマンの名著『八月の砲声』を読み、自分たちの行動が相手に誤ったメッセージを与えないか、不注意な言動が事態を予期せぬ段階にエスカレートさせないか、慎重に舵取りを行うための指標としていた。

過去の歴史を振り返れば、戦争や紛争の回避に全力を尽くした国家指導者もいれば、その正反対に、さまざまな理由で自国民を戦争や紛争へと誘導する国家指導者も存在したことがわかる。後者の指導者が、どんな論理と行動で、家畜を追い立てるように自国民を戦争へと導くかという前例を、国民側があらかじめ知っているなら、同じ手で何度もだまされるという展開を避けられる可能性も高まる。


本書は、一九四五年に第二次世界大戦が終結したあと、新たな世界秩序の中で発生した戦争や紛争を取り上げ、その発生原因と経過を読み解く試みである。

戦後の国際秩序は、「国連（国際連合の略語だが、本来の意味は『United Nations＝連合国』：第一章で詳解）」という国家間対立の調停機関と、アメリカおよびソ連（ソヴィエト連邦）の二大超大国を頂点とする「東西冷戦」の対立構造を、二つの枠組みとして組み上げられていた。

このうち、後者の「冷戦（Cold War）」とは、アメリカとソ連が直接戦争をしないという意味で「熱戦（Hot War）」の対義語として創られた名称だが、実際にはこの二大超大国の勢力範囲がぶつかり合う最前線では、それぞれの傘下に属する国々が「代理戦争」のような形で戦争や紛争を行う事態が各地で多発した。

本書では、それらの戦争や紛争の中から、東西冷戦の事実上の端緒となった一九四八年の「ベルリン封鎖」と、東西冷戦構造に起因する最初の戦争として一九五〇年に勃発した「朝鮮戦争」、ベトナムの独立戦争が次第に東西冷戦構造へと組み込まれていった「インドシナ戦争」と、それに続く典型的な東西代理戦争の「ベトナム戦争」、そして冷戦構造の歪みがもたらした「ラオス・カンボジア紛争」を取り上げ、なぜこれらの戦争や紛争が発生したのか、アメリカとソ連（および東側の中国）はこれらの戦いにどのような形で関与したのかを、政治と軍事、民族などの視点から多角的に分析・検証する。

また、これらの戦争や紛争にも一定の影響を及ぼした「国連」という国際機関がいかなる目的と経緯で創設されたかについても、最初の章で詳しく検証する。

イギリスの軍事史家バジル・リデル゠ハートは、新たな戦争回避を念頭に置いた提言として「平和を欲するなら戦争を理解せよ」と述べた。本書の内容が、平和の希求という目的において、読者が「戦争を理解する」ための一助となれば幸いである。

東西冷戦史㈠　二つに分断された世界——目次

戦史・紛争史叢書①

東西冷戦史(一)

二つに分断された世界

山崎雅弘

第一章

戦後世界の新秩序と「国連」の誕生

現在、日本を含め世界一九三か国が加盟する「国際連合」。この組織は、「戦争の恐怖からの自由」を掲げた米大統領ローズヴェルトの理想主義的な初期構想を発端として生まれたものだった。しかし、ローズヴェルトの理想とは全く裏腹に、一九四五年四月の国連憲章採択の直後から米ソの対立は決定的となり、世界は東西冷戦の構造に急速に呑み込まれてゆく。結果的に「冷戦の始まり」を止められなかった国際連合設立の実情とは。

終戦を待たずに作られた「戦後世界の枠組み」

一般的な日本人の常識では、自国が関わった先の戦争（太平洋戦争または大東亜戦争）の「終戦」は一九四五年八月十五日（ポツダム宣言受諾を国民に告知する天皇のラジオ演説）であり、この日を境に「戦後」と呼ばれる時代が始まったと理解されている。

かつて大日本帝国の植民地であった朝鮮（現在の韓国と北朝鮮）と台湾でも、八月十五日は特別な日として、さまざまな意味づけと共に語られている。

一方、大日本帝国以外の国々では、第二次世界大戦の「終戦」は、アメリカ海軍の戦艦ミズーリ艦上で日本政府代表者が連合国の代表者と面会して無条件降伏の文書に署名した、一九四五年九月二日と見なされている。一般的な日本人にとっての「終戦」の日である八月十五日から数えると、一八日後のことである。

しかし、当時の日本国民は知る由もなかったが、第二次世界大戦の戦勝国となるアメリカやソ連、イギリス、フランス、中国（中華民国）の首脳たちは、日本政府が白旗を掲げる一年以上も前から、枢軸国（ドイツ、日本およびファシスト体制下のイタリア）の敗北を前提とした「戦後」の世界秩序をどのように構築するかという議題で、活発に国際会議を重ねていた。

そして、日本政府が降伏を決意するより五〇日前の一九四五年六月二十六日には、戦後世界における国際関係の基軸となる国際機構「国連（国際連合）」の綱領となる「国連憲章」が、大小併せて五〇か国もの国々の政府代表者による協議を経て、サンフランシスコで採択されていた。

つまり、日本政府と国民が忸怩《じくじ》たる思いで「終戦」――実質的には敗戦――を迎えた時には、地球上の大半を占める国々はすでに「戦後」体制を構築する大事業に参加し、活動を開始していたことになる。この、政治的にきわめて重要な意味を持つ「国連」の創設に際し、中心的な役割を担ったのは、第二次世界大戦勃発当時の米大統領フランクリン・ローズヴェルト[*1]だった。

日本語では慣例的に「国連（国際連合）」と訳される組織名の"The United Nations"も、ローズヴェルトの発案に基づくものだったが、第二次世界大戦中の「連合国（＝反枢軸国）」を表す用語の流用（詳細は後述）であり、同じ漢字文化圏である中国でも「聯合国」との表記がなされている（ただし、原語の語意を正確には反映していないが、本稿では読者の混乱を避けるため、慣例通り「国連」と表記する）。

だが、第二次世界大戦の終結前後には、連合国の内部でも、アメリカとイギリスを中心とする「西側連合国」と、ソ連を主軸とする「東側連合国」の二つの陣営による戦後世界の新秩序を見据えた競合関係が生まれていた。その東西両陣営の競合は、やがて政治体制の根本的な違いによる相互不信と疑心暗鬼を生み、戦勝からわずか数年のうちに、世界は新たな「東西冷戦」という対立の時代へと突入していくことになる。

それでは、ローズヴェルト大統領はいかなる現状認識と政治理念に基づいて、この国際機構の創設を各国に働きかけたのか。アメリカ以外の各国政府首脳は、どんな思惑を抱いて、ローズヴェルトの「国連」創設への努力に同調したのか。

そして、第二次世界大戦でドイツと日本に勝利した「仲間」であったはずの連合国は、「国連」という組織の成立にもかかわらず、どのようにして「東西冷戦」の対立構造へと分裂していったのだろうか。

＊1　フランクリン・デラノ・ローズヴェルト（Franklin Delano Roosevelt：一八八二年一月三十日～一九四五年四月十二日）＝ニューヨーク州ハイドパーク生まれ。先祖はオランダからの移民で、父が鉄道会社の副社長だったため裕福な家庭で育った。第二十六代大統領のセオドア・ローズヴェルトとは遠縁関係にある。一九〇四年にハーバード大学、一九〇八年にコロンビア大学のロースクールで学び、一九一〇年にニューヨーク州議会選挙に民主党として出馬し当選。三年後、時の大統領ウィルソンの指名で海軍次官となった。一九三二年の大統領選挙で勝利し、翌年、第三十二代大統領に就任した。以後、一九四五年の病死まで現職。世界恐慌の克服を目的とした「ニューディール政策」を実施したことで知られる。日本では「ルーズベルト」と表記されることもある。

ローズヴェルト米大統領の理想と現実

「世界の警察官」構想

一九三九年九月のドイツ軍によるポーランド侵攻開始と共に、後に第二次世界大戦と呼ばれることになる大戦争がヨーロッパで勃発して一年四か月が経過した一九四一年一月六日、ローズヴェルト米大統領は議会向けの教書[*2]演説で次のような構想を披露した。

「我々は、次の四つの基本的な自由が実現された世界を目指すべきである。

まず、言論と意見発表の自由。次に、自らが求める神を崇拝する信仰の自由。そして貧困と疾病からの自由。最後に、戦争の恐怖からの自由である。

これらを実現するには、あらゆる国の軍備を、隣国に攻め込んだりできない程度にまで縮小しなくてはならない」

ローズヴェルトは、第一次世界大戦勃発前には有能な海軍次官として、米海軍の増強に尽力した経歴を持っていたが、同大戦が終結した後は一転して、軍事力をむやみに増強するだけでは戦争の防止に繋がらないとの理由から、軍備縮小論の論客となった。

そして、第一次世界大戦後の「新たな世界の枠組み」を司る国際機構として、米国務省が規約案の起草に深く関わった「国際連盟[*3]」へのアメリカの加盟が、アメリカ外交の伝統である孤[*4]立主義（モンロー・ドクトリン）に反するとして一九二〇年に上院議会での否決によって見送られると、これに失望したローズヴェルトは以前にも増して、軍備縮小論を強く提唱するようになった。

その姿勢は、一九三三年に大統領へと就任した後も変わらなかった。

ローズヴェルトの提唱する軍備縮小論の骨子は、全ての大国と中小国がそれぞれ独自の軍備を保有するよりも、理性的な政治的判断能力を有する少数の大国が、国際的に認められた一定の規約に従って「警察官」的な立場で地域紛争の防止と鎮静化に対処する方が、戦争抑止の効

＊2　教書演説＝制式には「一般教書演説」。国家の置かれている状況、それに対する施策の方針などを説明した「一般教書」を、大統領自らが連邦議会議員に対して行う年頭の演説のことをいう。この一般教書と「予算教書」、「経済教書（大統領経済報告）」をまとめて三大教書と呼ぶ。

＊3　国際連盟＝第一次世界大戦後、アメリカ第二十八代大統領ウッドロー・ウィルソンによって提唱され、一九二〇年に発足した国際機構。しかし提唱したアメリカが上院の反対によって不参加となり、後にドイツ、日本、イタリアが脱退して弱体化。一九三九年の第二次大戦勃発によって活動が実質的に停止となった。ただしその後も存続し、戦後の国際連合創設により、一九四六年四月、国際連盟総会で正式に解散となった。

＊4　孤立主義（モンロー・ドクトリン）＝「モンロー主義」とも言う。アメリカ第五代大統領ジェームズ・モンローが一八二三年に唱えた外交政策で、植民地主義と、ヨーロッパ諸国の他国への干渉に反対することを意図していた。ヨーロッパとアメリカの相互の不干渉が趣旨であり、いわゆる「鎖国」のようなものを意味するものではない。

国際協調の理想を掲げ、国際連合の誕生に力を入れた第32代アメリカ大統領フランクリン・ローズヴェルト。

率と軍事費の節約という二つの面ではるかに有効だというものだった。

だが、先の大戦で辛酸を嘗めたはずのヨーロッパでは、彼の掲げる理想論をあざ笑うかのような、新たな戦乱の時代を予感させる国家間の緊張がすでに高まりつつあった。

一九三〇年代の後半、ベニト・ムッソリーニ率いるイタリアと、アドルフ・ヒトラーを指導者と仰ぐドイツが、軍事力を背景に他国への侵略を公然と行い始めたのである。

これらの動きを見たローズヴェルトは、究極的な目標である「軍備の撤廃」に現実の国際社会を近づけるためには、まず「侵略国」の軍備を無力化する必要があるとの認識を強めた。

そして、当面の「侵略国」であるドイツおよびイタリア（両国を合わせて「枢軸国」と呼ぶ）と交戦中の国家群を支援する姿勢（一九四一年三月一日、反枢軸国への物資と武器の援助を認める「レンドリース法」成立）を内外に示す一方、枢軸国との戦争が終結した後の、新たな時代の世界秩序で中心的な役割を担う国際機構の創設に向けた準備作業を、米政府と関係を持つ政策研究機関（シンクタンク）に進めさせた。

この時点で、ローズヴェルトが「世界の警察官」として適任と考える大国は、アメリカとイギリスの二国のみだった。だが、一九四一年六月にドイツ軍がソ連への軍事侵攻を開始し、同年十二月に日本軍が真珠湾攻撃と対米宣戦布告を行って東南アジア諸国への侵攻に打って出ると、戦争参加国の相互関係は複雑な様相を呈することとなった。

彼の定義する「侵略国」に大日本帝国が加えられ、さらに「侵略国」に抵抗する「平和愛好国」の国家群にソ連と中国（蔣介石《しょうかいせき》を指導者とする中華民国）が追加されたことで、彼の思い描く「世界の警察官」構想にも大幅な修正が必要となったのである。

参戦前から「戦後」を見据えていたアメリカ政府

ローズヴェルトの意向を受けて、米政府機関が国際連盟に代わる新たな国際機構の設立に向けた本格的な研究作業を開始したのは、一九四〇年一月のことだった。

まず、国務省内にサムナー・ウェルズ国務次官を委員長とする「外国関係問題諮問委員会」が設置され、ほぼ時を同じくして民間のカーネギー平和財団の出資で国際政治問題の専門家約七〇人から成る「平和機構研究委員会」が創設された。

後者の委員会は、一九四一年四月に予備的な報告と三三編の論文を完成させ、国務省の作業チームもウェルズの主導で着々と研究を進めていた。

だが、日本軍の真珠湾攻撃でアメリカ自身が戦争の当事国になると、コーデル・ハル国務長官は戦後の国際機構設立に向けて、アメリカを含む反枢軸国家群を単一の国家連合に統合しておくべきだとの結論に達し、反枢軸勢力の米英ソ中の四か国から成る「最高戦時評議会」の創設と、反枢軸国家全体による共同宣言の発表を、一九四一年十二月十九日にローズヴェルト大統領へ提言した。

ローズヴェルトは、この提言内容を英首相ウィンストン・チャーチル[*5]と協議した。ローズヴェルトとチャーチルは、四か月前の同年八月に大西洋上の米巡洋艦オーガスタ艦上で戦争遂行方針についての首脳会談を行った後、八月十四日付で戦後の世界秩序構築についての共通認識を述べた「英米共同宣言（通称：大西洋憲章）」を発表していた。

ハルの提言を聞いたチャーチルは、スターリンと蔣介石の発言力増大を警戒し、対枢軸の戦争指導にソ連と中国を交えた合議制を導入するという評議会創設案には強く反対したものの、反枢軸国家全体の共同宣言を発表する案には賛意を示した。

こうして、一九四二年一月一日にまずローズヴェルトとチャーチル、駐米ソ連大使アンドレイ・グロムイコ（後の外相）と駐米中国大使胡適《こてき》の四人が、ホワイトハウスで米英ソ中の各国政府を代表して「連合国宣言（The United Nations Declaration）」と名付けられた共同宣言に署名した。

翌一月二日には、枢軸国に征服された国（ベルギーやオランダなど）の亡命政府と、アメリカとの同盟関係から対日宣戦布告を行った中米諸国（パナマ、キューバなど）など、計二二か国の政府代表者が、米国務省で同宣言書に署名を行った。

一方、この時期におけるローズヴェルトの戦後構想では、後に戦勝五大国の一員となるヨーロッパの大国フランスは、全く重要視されていなかった。

衝撃的な軍事的敗北の後、一九四〇年六月二十二日にドイツとの間で休戦条約を結び、イギリスと国交を断絶（同年七月四日）、それ以降は枢軸国に近い立場をとるフランス政府（通称：

＊5　ウィンストン・レナード・スペンサー＝チャーチル（Winston Leonard Spencer―Churchill：一八七四年十一月三十日〜一九六五年一月二十四日）＝保守党の政治家であったランドルフ・チャーチル卿の子として誕生。子供のころのチャーチルは成績の良くない落ちこぼれで、十八歳の時には王立陸軍士官学校を三回受験した後合格した。一九〇〇年の選挙で当選し、政治家の道を歩み始め、第一次世界大戦時には海軍大臣だったが、後に戦車の開発にも尽力するようになった。第二次世界大戦の勃発によって追い込まれた、時の首相チェンバレンのあとを受けて首相に就任。保守的な思想を持ち、政治家として老練なチャーチルは、当初はローズヴェルト大統領と歩調を合わせていたが、ソ連や共産主義への疑念など、戦後の世界観において理想主義的なローズヴェルトとズレが生じた。

ヴィシー政府）は、アメリカなどの連合国とは対極の陣営に属していたからである。

米英ソ三大国の首脳会談と駆け引き

チャーチルとスターリンの意向

連合国宣言の発表以降、ローズヴェルトとチャーチルは精力的に首脳会談を重ね、主題である対枢軸戦争の遂行方針を米英間で綿密に調整するかたわら、戦後の国際機構創設についての意見交換も活発に行っていた。

一九四三年一月十六日から二十六日のカサブランカ会談（モロッコ）、同年五月十二日のトライデント会談（米ワシントン）を経て、八月十一日から二十四日には、カナダのケベックで米英首脳会談が催されたが、この頃のチャーチルは国際機構創設について、ローズヴェルトとは若干異なった考えを抱いていた。

彼は、一九四三年二月に長文の国際機構創設案をローズヴェルトに送付したが、その要旨はヨーロッパと太平洋圏、そして西半球（南北アメリカ大陸）の三つに分かれた「地域評議会」

で主要な国際問題を協議・解決し、そこで解決できなかった難題を、各地域評議会の代表と主要国代表から成る「最高評議会」で討議にかけるというものだった。

このチャーチルの「地域主義」に基づく国際機構案は、地域ごとの文化的慣習や価値判断基準の違いを評議の内容にある程度、反映させられるという点では現実的であり、国務次官ウェルズをはじめ、米政府内にもこの案の支持者は少なくなかった。

しかし、ローズヴェルトが目指していたのは、地域ごとの古い価値判断基準の違いを超越した、より普遍的な理念に基づいて国際協力と国家間の紛争解決に当たる、まったく新しい国際機構の創設だった。

一方、米国務省の政治調整局は、八月四日から十四日にかけて、先の「連合国宣言」に基づく戦後国際機構の活動規約等を網羅する文書「連合国（United Nations）憲章草案」の起草作業を行った。大統領の「普遍主義」の理念を色濃く反映した、この憲章草案の概要は、ケベック会談でチャーチルにも伝えられ、さらにその草案の写しをソ連と中国の両政府にも送付することで米英両国政府は同意した。

ソ連政府の最高指導者ヨシフ・スターリン[*6]は、対独戦の開始から一九四三年夏頃までの間、当面はドイツとの戦争に軍事と政治の全力を傾けたいとの理由で、戦後の国際機構創設に関する米英両国首脳の意見交換に加わることを慎重に避けていた。

だが、一九四三年七月にクルスクの南北で実施されたドイツ軍の大攻勢を事実上頓挫させ、対独戦の見通しが大きく好転したことで、ようやくスターリンも重い腰を上げ、この問題を協議するための外相会談をモスクワで開催するとの意向をローズヴェルトとチャーチルに伝えた。

そして、米国務長官コーデル・ハルと英外相アンソニー・イーデン、ソ連外相ヴャチェスラフ・モロトフの三者が、一九四三年十月十九日から三十日にかけてモスクワで会合を開き、アメリカ側が作成した連合国（国連）憲章草案の内容を英ソ両国代表が大筋で承認する形で、十一月一日に「一般的安全保障問題に関する四国宣言（通称モスクワ宣言）」が発表された。

中華民国の協議への参加とカイロ会談

モスクワで署名発表された宣言書に「四国」と記されているのは、たとえ形式的なものであっても中国（中華民国）国民党政府の代表者が参加したという体裁にしたいという、ローズヴェルトとハルの強い意向によるものだった。

米政府は最初、この会議に中華民国の外交部長（外相）宋子文《そうしぶん》を参加させようと考えたが、当時重慶に置かれていた中国政府の同意を得られなかったため、中国の駐ソ大使である傅秉《ふへい》常《じょう》が会議最終日にモスクワの議場へと招かれ、すでに三国代表が作成した文書への署名を求められてこれに応じる形がとられた。

この「モスクワ宣言」において、米英両国とソ連の三大国は初めて、戦後の国際機構創設についての共通認識を公式に表明したが、その内容は次のようなものだった。
「三国政府は、自国の国益と全ての平和愛好国の利益のために、今次戦争の遂行に際して構築された密接な協力関係を、戦後においても継続することが重要であると考える。それゆえ、可能な限り早期に、国際平和と安全の維持を実現するため、全ての平和愛好国の主権平等の原則に基づく参加を前提とする、国際的な評議機関を設立せねばならない」

こうして、米英ソの三大国は当面の対枢軸戦争を遂行する一方、戦後を見据えた新たな国際協調関係の構築という作業のスタートを切った。だが、三大国政府の間に存在する、戦後の国際秩序についての認識のずれを解消するには、さらなる時間が必要とされた。

ローズヴェルトの「普遍主義」を、現実味の薄い理想論と見なしていた老獪《ろうかい》なチャーチルは、その理念に基づく国際機構の実効性に若干の疑念を抱いていた。また、対日戦でこれといった成果を上げていない蔣介石[*7]の中国国民党政府に、米英ソの三国と同等の重要な地位を与えると

＊6　ヨシフ・ヴィサリオノヴィチ・スターリン（Iosiv Vissarionovich Stalin：一八七八年十二月十八日～一九五三年三月五日）＝ローズベルト、トルーマン、チャーチルと共に、国連創設と冷戦体制という戦後の国際構造に影響を与えた政治家スターリンは、グルジア（現在ジョージアと表記）のゴリ市で靴職人の息子として生まれた。本名の姓はジュガシヴィリで、スターリン（鋼鉄の人の意）は一九一三年ごろから使い出した筆名。子供のころ神学校に進んだが、後にマルクス主義に出会い、十五歳で革命運動に参加。レーニンが率いる「ボリシェヴィキ」に属し、ソヴィエト連邦の建国に尽力した。たび重なる権力闘争を生き抜き、一九三〇年代半ばには政治弾圧の「大粛清」を行うなど、ソ連で独裁体制を敷いた。死後、後継者らによって「スターリン批判」が行われ業績が否定された。

の構想にも反対の意向を示していた。

しかしローズヴェルトは、戦後のアジア地域で国際紛争が発生した時、これに迅速に対処できる「大国」が必要だとの理由から、人口四億人を抱える中国を潜在的な「アジアの大国」と位置づける姿勢に固執し、チャーチルも折れて中国の参加を承認した。

ソ連の指導者スターリンも、中国を三大国の首脳会議に同席させることには難色を示した。中華民国は、譲歩による利害調整という国際外交の「ゲームのルール」をまだ会得しておらず、膨大な細部の問題においても「頑なな態度で全てを値切ろうとする」から、実のある成果を期待できないというのが、その理由だった。

そのため、次のステップとして四国首脳による会談を計画していた米政府は、米英中三国の首脳会談と、米英ソ三国の首脳会談を別々に開催するという妥協案で、問題の解決を図らねばならなかった。

一九四三年十一月二十二日から二十六日にかけて、英連邦に属するエジプトのカイロでローズヴェルトとチャーチル、それに中国国民党主席の蔣介石が首脳会談を開いたが、この席では戦後の国際機構創設という議題はほとんど論じられず、十一月二十七日に作成された米英中三国首脳による合意文書（いわゆる「カイロ宣言」）は、日本を降伏させた後の満洲や台湾の処理問題が主題となっていた。

この会談を終えたローズヴェルトとチャーチルは、当時米英両国の保護下にあった中立国イランの首都テヘランに飛び、ここでモスクワから空路で赴いたスターリンを交えて、十一月二十八日から十二月一日までの四日間にわたる、史上初めての米英ソ三国の最高指導者会談（テヘラン会談）を開いた。

テヘランで議論された国際機構構想

テヘラン会談での主な議題は、米英両国による西ヨーロッパでの対枢軸第二戦線の形成（この時期、ドイツ軍は東部戦線でソ連と戦っていたが、西ヨーロッパでは英仏海峡が最前線となっており、スターリンは早く米英連合軍をフランスに上陸させて陸上の西部戦線を再構築するよう求めていた）と、ソ連の対日参戦などだった。

ローズヴェルトはこの会議で初めて、戦後の国際機構創設に関する明確なイメージを、スターリンに披露した。

＊7　蔣介石（一八八七年十月三十一日～一九七五年四月五日）＝清国の浙江省奉化県渓口鎮で商人の家に生まれる。蔣介石は革命家・孫文の影響を受け、一九一一年に勃発した共和革命である「辛亥革命」に参加。一九一二年に中華民国が建国されて清朝が崩壊、蔣介石はのちに中国国民党の指導者として、一応の中国統一を成し遂げた。日中戦争時にはアメリカなどから援助物資を得ていたが、国民党内部での物資の横流しなど腐敗が多く、決定的な成果を挙げることができなかった。後に毛沢東率いる中国共産党との戦い（国共内戦）に敗れ、戦後は台湾に逃れた。

ローズヴェルトの構想では、この新たな国際機構は、三つの主要な機関と、多数の補助的機関で構成されることになっていた。主要機関の一つは、全ての反枢軸連合国（この時点で三五か国）から成る「総会」で、議題は国際紛争だけでなく食糧や資源など多岐にわたり、総会の会場は固定せずに世界各地で持ち回りで開催する計画だった。

第二の主要機関は、米英ソ中の四国とヨーロッパの代表国二か国、南米代表の一国、中東の一国、極東地域から一国の計九か国の代表から成る「執行委員会」で、この委員会は国際紛争などに関して、一定の強制力を伴う「決議」を下す権限を持つとされた。

そして第三の主要機関は、米英ソ中の四か国が執行委員会の下した決議に基づいて「四人の警察官」として振る舞うことを可能にする「強制執行機関」で、軍事力の行使による平和維持と平和回復を主任務とする「多国籍軍」の編成も視野に入れられていた。

これらの内容を知ったスターリンは、即座にいくつかの疑問を呈した。

まず、四大国が「警察官」として振る舞うことを、誇り高いヨーロッパの小国が承服するだろうか。とりわけ、さほど強力な軍事力を持たない中国が、ヨーロッパの国際問題に干渉することを、彼らが受け入れるだろうか。

また、強制執行機関が「多国籍軍」を編成する場合、指揮系統はどのように形成されるのか。強制執行機関に参加した空軍や海軍の部隊は、本国政府の命令よりも強制執行機関の命令を優先しなくてはならなくなるのか。

そしてスターリンは、チャーチル構想と同様の「地域主義」に基づく評議会案をローズヴェルトに代案として示し、ヨーロッパと極東にそれぞれ地域委員会を創設してはどうかと逆提案した。

戦後の国際社会についてのスターリンの主な関心は、ドイツと日本が復興して再びソ連に対する脅威となるのを断固として阻止することに向けられており、そのためには日独両国を監視するための地域委員会の創設が最も単純で効果的だと考えた。

しかし、ローズヴェルトはドイツと日本に対するスターリンの懸念に同意を示し、連合国の部隊を戦争終了後に両国の国内または隣接地に駐留させるという提案には賛同したものの、地域ごとに個別の問題に対処する方法では世界規模での平和維持に役立たないとして、あくまで世界全体を対象地域とする「普遍主義」に基づく国際機構を主張した。

ローズヴェルトの説明に聞き入ったスターリンは、それ以上自説を述べることはせず、大筋でローズヴェルトの構想を受け入れる意向を表明した。

スターリンとの意思統一という成果を得て、テヘランから帰国したローズヴェルトは、一九四三年十二月二十四日に次のような内容のラジオ演説を行い、首脳会談の内容に満足していることを明らかにした。

「今回の会談で、私は米英ソ三国の間には、今後いかなる紛争も起きないという確信を得た。これら三国が、平和維持のために一致団結する限り、侵略国が次なる戦争を引き起こす可能性は皆無だと言えよう」

見え始めた第二次世界大戦での連合国側の勝利

ローズヴェルトの国内議会工作

一九四四年に入ると、ヨーロッパと太平洋および極東戦域での戦況はますます連合国側の優位へと傾き、ローズヴェルトの国際機構創設という構想は着々と実現に向けて進んでいるように見えた。

だが、彼にはもう一つ、越えるべきハードルが存在していた。

第一次世界大戦の終結後、同様の国際機構（国際連盟）の創設を主導し、草案の作成まで率先して行ったものの、米国内で議会の賛同を得られず、連盟規約を批准できずに終わったウッドロー・ウィルソン大統領（当時）の轍《てつ》を、自分も踏むことになるのではないかとの懸念が、彼の脳裏には去来していたのである。

そのため、彼は英ソ両国との折衝を自ら重ねる一方、自分が所属する民主党の有力者に働きかけて、国内の議会対策と世論工作を慎重に進めていった。

ローズヴェルトにとって有利に働いたのは、アメリカ本国が戦争による直接の被害を被らず、いわば義勇兵的な心境で参戦した第一次世界大戦と異なり、日本軍の真珠湾への奇襲攻撃でアメリカ人が直接的な被害を被っていた事実だった。そのため、かつての孤立主義は影を潜め、日本を敗北に追い込んだあとも、戦後の世界秩序構築に積極的に参加しようという風潮が、国民と議会の両方で広まっていた。

一九四三年九月二十一日、下院議会で「公正にして永続的な平和を樹立し、維持するに適した権限を持つ妥当な国際機構の創設を支持し、合衆国が憲法上の手続きでそれに参加することに賛成する」との決議が、三六〇対二九という圧倒的な賛成多数で可決された。

同年十一月五日には上院議会でも「国際平和と安全維持のため、大小を問わず全ての平和愛好国の主権平等の原則に基づき、これらの国家の加入を認める一般国際機構を、速やかに設立する必要を認める」との決議が、同じく八五対五の賛成多数で可決された。

これらの決議が、国民的な支持によって裏付けられると、自信を深めたハル国務長官は一九四四年の初頭から、議会内部で超党派的な作業部会の設立に向けて動き出した。

そして、五月に入ると米政府は戦後国際機構の「憲章」についての具体的な枠組み作りを行うべく、首都ワシントンＤＣにほど近いジョージタウンにある「ダンバートン・オークス」と呼ばれる大邸宅で、各国代表者による実務会議を開催することを、英ソ中の三国政府に提案した。

これら三国の政府は、七月十七日までに実務会議の開催提案に同意するとの返答を送ったが、スターリンは今回も中国代表者との同席を拒絶する態度を見せた。

これは、中国人全般に対する彼の不信感だけでなく、日ソ中立条約を締結している相手国の日本政府に対する配慮に基づくものだった。

米英両国との同席には「対ドイツ戦」における連合国という名目が成立するが、日本の交戦国である中国はドイツに対しては宣戦布告を行っていないため同席する大義名分がなく、ソ連と中国の政府代表者が戦後の問題に関する会議で直接に意見交換を行えば、日本政府を不必要に刺激する恐れがあったからである。

スターリンは、先のテヘラン会談ですでに対日戦への参戦の意向を米英両国に伝えていたが、その実行準備が整うまでは、極東地域、とりわけソ連軍の侵攻対象となる満洲一帯の情勢を不安定にさせたくはなかった。

そのため、ダンバートン・オークスでの会議も、カイロおよびテヘラン会談の場合と同様、米英ソ三国と米英中三国のそれぞれの三者会議を別々に開催することとなった。

ダンバートン・オークスで築かれた「国連」の土台

ダンバートン・オークスで行われた話し合い。前列左から４人目がステッティニアス米国務次官。５人目がグロムイコ駐米ソ連大使。

太平洋戦域では一九四四年七月九日にサイパン島が陥落して日本軍の「絶対国防圏」が破られ、七月十八日には東條内閣がその責任をとって総辞職していたが、それから約一か月後の八月二十一日、「一般的国際機構の設立に関する会合」という事務的な呼称が与えられた米英ソ三国代表の第一回会談が、ダンバートン・オークス邸で催された。

各国代表として会議に参加したのは、米国務次官ステッティニアス（ローズヴェルト大統領の意向に反し地域主義を支持した前任者ウェルズは一九四三年九月に辞任した）と英外務次官カドガン、それに駐米ソ連大使グロムイコ（後の外相）だった。

三国の独占的会合で戦後の国際機構創設を決定づけたとの印象を避けるため、公式の政府代表者会議という体裁をとらず、会議を指す呼称も「カンファレンス（会議）」ではなく「カンバセーション（会合、座談会）」という単語が慎重に選ばれた。

八月二十一日から九月二十八日までの米英ソ会議に引き続いて、九月二十九日から十月七日には、中国の駐英大使を務める顧維均《こいきん》を交えた米英中の三国代表会談が、同じくダンバートン・オークス邸で行われた。そして、二日後の十月九日には、会議全体の成果を勧告文の形式にまとめた非公式の文書「一般的国際機構の設立に関する提案（通称ダンバートン・オークス提案）」が、参加四国の政府によって同時に公表された。

全文が一二章から成る、このダンバートン・オークス提案は、後に創設される国際機構「国連」の基礎となる重要な要素がいくつも含まれていた。

ローズヴェルトがテヘランで提案した第二の主要機関「執行委員会」は、新たに「安全保障理事会（安保理）」として定義され、四大国はこの理事会で議案の内容に対して「拒否権」[*8]を行使できることが初めて確認された。

これにより、戦後に発生する国際紛争の解決に際し、大国が「一致」して解決に当たるというローズヴェルトの理想が実現できるはずだった。

しかし、このダンバートン・オークス会議では早くも、創設後の国連でしばしば紛糾を招くことになる、いくつかの問題点が表面化し始めていた。

その中でもとりわけ重大な意味を持っていたのは、四大国のいずれかが当事国として何らかの国際紛争に関与している場合、その大国は安全保障理事会で拒否権を行使する権利を持つか否かという問題だった。

この問題に、とりわけ強い関心を払っていたのはソ連政府だった。

ソ連は、第二次世界大戦の勃発から間もない一九三九年十一月三十日、フィンランドへの軍事侵攻を理由に、当時加盟していた国際連盟を一方的に除名されるという憂き目を見ていた。

そのため、自国の関わる問題で拒否権を行使できない場合には、四大国の中で唯一の社会主義国であるソ連はきわめて弱い立場に立たされるのではないかと、彼らは危惧したのである。

また、ソ連代表のグロムイコが八月二十八日、ソ連はモスクワの中央政府に加え、連邦構成国の計一五か国をそれぞれ原加盟国として国際機構に加えたいと言い出し、米英両国代表を驚かせた。

米国務次官ステッティニアスは、それならアメリカも構成各州の加盟を申請することになるとしてグロムイコの説得を試みたが、イギリスが持つ植民地（インドなど）や従属国（エジプ

＊8　拒否権＝安全保障理事会（安保理）は、米・英・仏・ロシア連邦（以前はソ連）・中国（現在は中華人民共和国）の五か国からなる常任理事国（ヤルタ会談以前はフランスは含まず）と、二年の任期で選ばれる一〇か国からなる非常任理事国の一五か国で構成されている。制度などの手続き事項の決定にはこれら一五か国のうち九か国が、国連軍の編成など実質的な事項に関する決定には五つの常任理事国の同意と非常任理事国九か国の賛成が必要となる。拒否権は常任理事国のみが持つもので、実質的事項において一国でも拒否権を行使すれば決議を否決させることができるため、国連創設から今日まで、拒否権は大国の思惑によって利用され続けている。

トなど）の扱いはどうなるのかとの問いには明確な答えを用意できなかった。

ヤルタ会談とフランスの登場

ダンバートン・オークスの会合で解決できずに終わったいくつかの重要な議題は、一九四五年二月四日から十一日にかけて、ソ連領クリミア半島の保養地ヤルタ近郊に建つリバディア離宮で催された米英ソの三国首脳会談（通称ヤルタ会談）へと持ち越された。

このヤルタ会談の開幕直後、ローズヴェルトと国務長官ステッティニアス（前任者ハルは病気のため一九四四年十一月三十日に辞任）を動揺させる出来事が発生する。

ソ連側が先に提示して米英両国を悩ませていた「大国が紛争当事国となった場合の安保理での拒否権」について、英首相チャーチルがこれを支持するつもりだと述べ、米政府と同様に支持しない立場をとるイーデン英外相との間でも、完全な意見の相違を生み出してしまったのである。

チャーチルが、ローズヴェルトの意向に逆らってまでスターリンに同調した背景には、かつての「大英帝国」イギリスの無惨なまでの国力低下と、それに伴う国際社会での影響力減少という、彼にとって不愉快な現実が大きく横たわっていた。

彼は、このまま戦後の国際機構（以後「国連」と記す）が創設された場合、アメリカとソ連という強大な二大国がイギリスを無視して問題の解決を図るという事態が発生することを恐れたのである。

結局、イーデンとステッティニアスに強く説得されたチャーチルは、会議二日目に態度を改めて、ヤルタ会談では米政府と歩調を合わせることに同意し、安保理における拒否権問題では再び米英両国対ソ連という図式が形成された。

結局、この問題ではスターリンが譲歩を受け入れ、紛争当事国となった場合には、大国（国連安保理の常任理事国）であっても拒否権を行使できないとの条項を、国連の憲章に含めることで三大国の合意が成立した。

だが、ローズヴェルトとチャーチルが安心するのはまだ早かった。スターリンはまたしても、ソ連邦構成共和国全てを国連に加盟させ、採決の際には計一六票を行使するとの要求を蒸し返し、米英代表団を困惑させたのである。

その後、ソ連側は要求を縮小し、対独戦で甚大な被害を被った白ロシア（現ベラルーシ）とウクライナだけでも加盟させて欲しいと要請、ローズヴェルトも渋々ながらこれを認め（後に交換条件として親ドイツの中立国だったアルゼンチンの加盟をソ連側に承諾させた）、ソ連は三票の議決権を獲得することとなった。

ヤルタ会談ではこのほか、五番目の大国として連合軍に解放された後のフランスのドゴール政権を国連の常任理事国に迎えることが改めて確認された。

ローズヴェルトとスターリンは、一時的とはいえ枢軸陣営に寝返ったフランスに強い不信の念を抱いていたが、ドイツの再興とソ連の西欧進出を危惧したチャーチルは、イギリス一国ではこれらに対抗できないと考え、フランスの加入はヨーロッパの恒久的平和に寄与するとの理屈で、米ソ両国を説得することに成功したのである。

国際連合（ユナイテッド・ネーションズ）の誕生

国連憲章の採択とローズヴェルトの死

ヤルタ会談も大詰めを迎えた一九四五年二月十日、米英ソ三大国の首脳は、国連憲章の採択とその署名式典を行う国際会議を米西海岸のサンフランシスコで開催するとの決定を行った。それと共に、この会議への参加資格を持つ国を、次のように定義した。

まず、一九四五年二月八日現在、連合国の一員として対独および対日戦を戦っている全ての国。次に、一九四二年一月二日に「連合国宣言」に署名した国のうち、一九四五年三月一日までに日本またはドイツに対して宣戦布告を行った国。この定義が各国政府に伝わると、トルコやサウジアラビア、ペルー、ベネズエラなどの国々が、国連への参加権を得るためにドイツや日本への宣戦布告を行い、連合国の仲間入りを果たした。

そして、一九四五年四月二十五日、サンフランシスコに五〇か国の代表団二八二人が集まり、国連創設の前段階としての「国際機構に関する連合国会議（通称：サンフランシスコ会議）」が開始された。

二か月にわたるサンフランシスコ会議では、大国の拒否権や評決方法についての修正案が、オランダやメキシコ、オーストラリアなどの「中小国」から出されたが、国連の基本的な運営方針としての「大国一致の原則」を論破することができず、四五か国が参加した評決では賛成一〇、反対二〇、棄権一五でこの修正案は否決されることとなった。

また、この会議では「The United Nations（連合国）」という国際機構の名称についても、さまざまな立場から異論が提示された。

対枢軸（実質的に対独と対日）戦争の「連合国」をそのまま名称にしたのでは、ローズヴェルトの目指す「普遍主義」の運用方針に合致しないのではないかという意見に一定の賛同が集まり、「国際安全保障機構（International Security Organization）」や「世界国家共同体（World Community of Nations）」など、いくつかの代案が提示された。

しかし、アメリカ代表のギルダースリーブ女史が「この国際機構の設立に尽力した偉大なローズヴェルト大統領自身が命名した組織名を、今後も継承していくべきだ」との意見を述べると、反対意見は急速に沈静化し、名称を巡る論争には終止符が打たれた。

そして、会議最終日の六月二十六日、市内のオペラハウスに設けられた特設会場で、国連憲章の署名式がおごそかに行われ、参加国の代表者と会議関係者三五〇〇人が全員起立する中で、憲章への署名が粛々と進められた。

だが、国連創設に尽力した最大の功労者ローズヴェルトの姿は、そこにはなかった。長らく病に冒され、心身共に衰弱していた彼は、サンフランシスコ会議の開会を二週間後に控えた四月十二日、静養先の別荘で脳溢血により他界してしまったのである。

何ら為す術のなかった日本政府

以上のような経緯で、日本の降伏から約二か月も前に戦後新秩序の枠組みとなる国連が創設されていた頃、日本側はどう動いていたのか？

連合国の代表者がダンバートン・オークスに集まって戦後の国際機構創設についての話し合いを行った事実は、各国の新聞で大きく報道されたこともあり、日本政府はすぐにその概要を知ることとなった。

そして、国際法や国際行政に関する事務を管轄する外務省条約局第二課は、ソ連を含む各国の新聞報道や政府関係者による記者会見などの内容を緻密に分析しながら、国連創設に向かう連合国側の動向を刻一刻と追跡していた。

一九四四年の十一月に同課が作成した報告書「一般的國際機構ニ關スル米、英、蘇、支（重慶）會談（ダンバートン、オークス會談）」の一四ページでは、国際機構の名称としてThe United Nationsを「國際聯合ト假稱ス（国際連合と仮称す）」と記していた。

また、一九四五年一月二十一日と四月二十四日の二回に分けて作られた別の報告書「國際聯合（「ユナイテッド・ネーションズ」）其の後の進捗状況」においても、ダンバートン・オークスとヤルタで行われた重要な政治的問題についての摺り合わせの様子や、大国の拒否権をめぐる米ソの意見対立、そして戦後における植民地処理についての各国政府の提案などが、ほぼ正確に記されている。

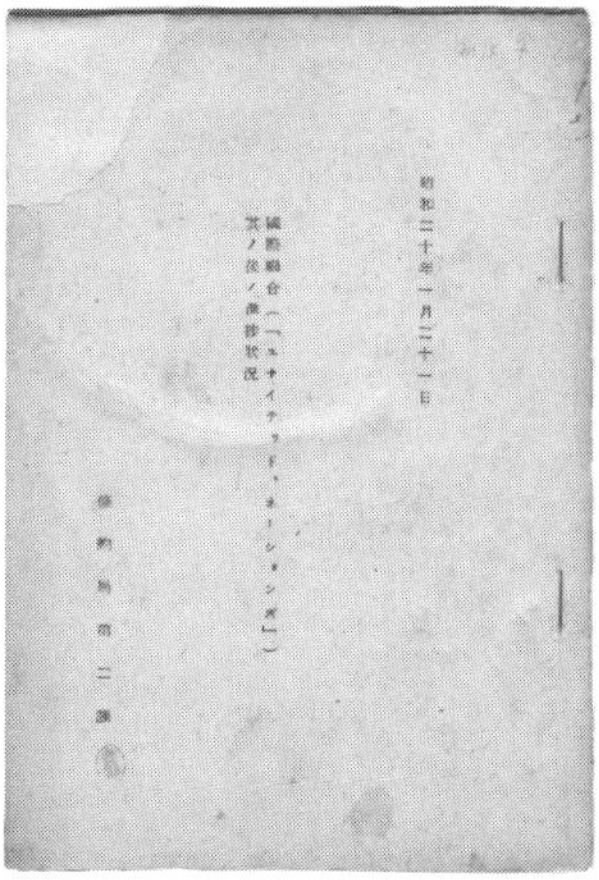

戦中に外務省が作成した内部文書「國際聯合（「ユナイテッド・ネーションズ」）其の後の進捗状況」。

言い換えれば、連合国がすでに「太平洋戦争における日本の敗北」を「既定路線」と見なし始めている事実を、日本の外務省はある程度、正確に把握していたのである。

しかし、当時の日本政府上層部は、太平洋戦争における軍事面での挽回と、ソ連を仲介者とする米英両国との和平交渉に全ての関心を注いでおり、連合国側で大規模に進展しつつある「戦後を見据えた新たな国際関係の構築」に対応する余力を全く持たなかった。

ヤルタ会談から三か月後の一九四五年五月十一日、総理大臣と陸軍大臣、海軍大臣、外務大臣、陸軍参謀総長、海軍軍令部総長の六名から成る「最高戦争指導会議」が開かれ、「ソ連による調停で戦争終結を図る」との案についての検討が、真剣に行われていた。

阿南惟幾《あなみこれちか》陸相は「この戦争が終結した後、ソ連はアメリカと対峙しなくてはならないわけだから、日本があまり弱体化することは望まないであろう。従って（ソ連は）かなり余裕のある（日本に融和的な）態度に出るものと予想できる」との見解を述べ、会議最終日の五月十四日には正式に、ソ連政府へ和平仲介依頼を申し込むことが決定された。

この決定から半月後の六月三日、かつて首相や外相、駐ソ大使などを歴任した広田弘毅《こうき》が、ソ連のマリク駐日大使を疎開先の箱根に訪ね、いくつかの譲歩案を提示しながら、対米和平の仲介役になってほしいと申し入れた。しかし、マリクはモスクワからの指示に従い、最後まで曖昧な返答を返すだけの姿勢を貫き、広田の交渉は全くの徒労に終わってしまう。

六月二十九日には、天皇からスターリンに宛てて、日本と米英の戦争終結についての話し合いを行うために近衛文麿《このえふみまろ》元首相を派遣したいとの密電を打電したが、ソ連側は「近衛特使の派遣意図がよくわからない」「具体的提議を包含していない」などを理由に「確たる回答をすることは不可能である」とのそっけない対応をとり続けた。

そして、当時の日本国民のほとんどは、彼らが憎き敵と見なす「鬼畜米英」と、日本との間に中立条約を保持する北の大国ソ連が、すでに日本敗北後における国際秩序を協同で構築し始めていることに、気づいてはいなかったのである。

国連創設の理想と現実

ローズヴェルトの後任として、副大統領から昇格したハリー・トルーマン新大統領は、就任直後の声明で、国連に対する米政府の姿勢には今後も変化がないことを明言した。

だが、国際政治全般に対する彼の基本的な認識は、ローズヴェルトのそれとは大きく異なっていた。

ソ連の最高指導者を「信頼できる交渉相手」と見なしていた前任者ローズヴェルトとは対照的に、トルーマンはスターリンを「政略ゲームに長けた油断のならない競合相手」と看破していたのである。

一九四五年七月十七日からドイツのポツダムで開かれた、大戦中で最後の米英ソ三国首脳会談（通称：ポツダム会談）でも、トルーマンは戦後の国際社会におけるソ連の影響力増大をいかにして抑えるかという問題に最大の関心を払い、完成したばかりの原子爆弾の存在すら、ソ連に対する「政治的牽制の道具」として活用する態度を見せた。

トルーマンは、ポツダムで初めてスターリンと会った後、自分がミズーリ州で上院議員に初

ポツダム会談での三国首脳（左からチャーチル英首相、トルーマン米大統領、スターリン・ソ連首相）。トルーマンはスターリンに対して不信感を持っていた。

当選した時に手助けを乞うた地元の「裏社会のボス」を思い出して、側近にこう漏らしたという。

「あいつは、昔世話になったペンタガスト親分にそっくりだ」

こうして、ローズヴェルトが築いた米英ソの協調関係は、ヤルタ会談を頂点として急速に冷却化していき、一九四六年一月十日にロンドンで第一回の国連総会が開催される頃には、すでに米ソ関係は相互不信と疑心暗鬼の時代へと突入し始めていた。

第二次世界大戦の戦中に構築された「国連」という国際機構の枠組みは、ドイツと日本という共通の敵が存在したことで各国の結束を容易に実現できた反面、その「共通の敵」が消え去った後に発生する、新たな国家間の対立や政治的な摩擦には、有効に対処できない場合が多かった。

ローズヴェルトは「枢軸国対連合国」や「侵略国対平和愛好国」という単純な二元論を好んで用いたが、第二次世界大戦後に発生した国際紛争の多くは、そうした単純な善悪の二元論に当てはめることが難しい、複雑な政治的事情を内包していたからである。

結局、国連とはローズヴェルトの理想主義が生んだ成果だったが、現実の国連における各国の活動においては、彼が期待したような「大国の道義的で高貴な振る舞い」は稀にしか見ることができなかった。スターリンをはじめとする各国の指導者たちは、国連創設の当初から、国連の総会や安全保障理事会を「譲歩による国益上の利害調整を行うための、新たなゲームのテーブル」と見なしていたからである。

そして、この米英とソ連の相互不信は、「東西冷戦」という新たな対立図式の中でさらに深刻化して、多くの戦争や紛争の火種となっていくのである。

今から七〇年以上も前に、連合国対枢軸国という二極対立の延長線上で設計され、国際平和の実現を意図して創設された「国連」。その紛争調停機関としての能力には、多くの問題点が存在し、また国連で主導的な役割を担うはずの「大国」が、国連を無視して単独行動に走るという事態も一度ならず発生した。

しかし、我々はこの時代遅れの機構に代わる有効な「国際紛争の防止装置」を、いまだ見出せてはいないのである。

第二章　ベルリン封鎖　1948

ドイツが連合国に降伏し、首都ベルリンは米英仏ソによって共同統治されることとなった。だがそれから間もなく、ソ連と西側各国との間で対立が激化。ベルリン市自由選挙での共産勢力の惨敗やマーシャル・プランなどをきっかけとして、ソ連は米英仏が統治していた西ベルリンを封鎖した。「ベルリンの壁」建設以前、ベルリンという都市が東西対立の焦点であることを世界に知らしめた事件の推移を振り返る。

米ソの対立が生んだ第三次世界大戦の瀬戸際

ヨーロッパの心臓部に位置する大都市・ベルリン。

十八世紀にはプロイセン王国の都として栄え、一八七一年からはドイツ帝国の首都となり、ワイマール共和国時代には芸術の都として栄華の極みを誇ったこの街は、第二次世界大戦におけるドイツの敗北と共に無惨にも破壊し尽くされ、優美な歴史的価値に彩られた建造物の多くは、土埃の舞う瓦礫の山へと姿を変えてしまった。

総統アドルフ・ヒトラーが地下壕で自決の道を選んだ後、残されたドイツ政府は連合国に無条件降伏を申し入れ、巨大なベルリンの街には米英ソ仏の四か国による共同統治体制が敷かれた。しかし、互いに相容れない政治思想を標榜する「西側」の米英仏三国と「東側」のソ連邦は、ドイツという共通の敵を打倒した後、相互不信の度を強めていき、終戦からわずか三年後の一九四八年六月には、このベルリンを舞台に、全世界の人々が「第三次世界大戦」の勃発を危惧するほどの政治的対決が演じられることとなった。

東西冷戦の宣戦布告とも言える事件、ベルリン封鎖（Berlin Blockade）である。

ソ連側は、米英仏三国が管轄下に置く西ベルリンに対する生活物資や電気、ガスなどの供給を一方的に遮断することで、西ベルリン市民を心理的に屈服させ、彼らが自発的に東側地域との併合を申し出るよう仕向けようとした。

しかし、西側三国の政府は毅然とした態度で西ベルリン市民の側に立つことを決定し、「空の架け橋（ルフトブリュッケ）」と呼ばれる膨大な物資の空輸作戦によって、ソ連側の思惑を挫くことに成功する。

ベルリンを舞台にしたこの一連の対決劇は、占領軍による一占領地の支配権をめぐる騒動であったのと同時に、二十世紀後半の世界を覆うことになる東西冷戦の構図を決定づける政治的事件でもあった。

言い替えれば、一九四五年五月のドイツ降伏から一九四八年六月のベルリン封鎖に至るまでの三年間の歴史は、米ソ関係が「連合」から「対決」へと激変する過程を克明に描き出す、冷戦構造の誕生秘話とも呼べる物語だったのである。

ベルリン占領統治をめぐる駆け引き

米英ソ三国の戦後処理構想

第二次世界大戦の戦局が、連合国側の優勢へと傾きつつあった一九四三年十月十九日、米英ソ三国の外相がモスクワで会談を開き、対ドイツ戦争で勝利した後の戦後処理についての協議を行った（第一章を参照）。

同月三十日まで続けられたこの会談では、国際機構創設以外にも、対ドイツ戦争を「ドイツの無条件降伏」という形で終わらせること、現在のドイツ領土は三国で暫定的に分割統治すること、ナチ党は解体して全てのドイツの軍事組織を武装解除することなどが取り決められ、さらに戦後の欧州諸国の復興についての協議を行う機関として「欧州問題諮問委員会（ＥＡＣ）」の設立が合意された。

この外相会談が行われた時、西部戦線における米英両軍の大反攻作戦（一九四四年六月のノルマンディー上陸に始まるオーバーロード作戦）は開始されておらず、フランスから白ロシア、ウクライナに至る広大な地域がいまだドイツ軍の占領下にあったため、各国の首脳とも具体的なドイツ統治案を検討できる段階には至っていなかった。

だが、モスクワで取り交わされた合意事項の内容は、翌月にイランのテヘランで開催された米英ソ三国の国家元首による最高首脳会議（通称：テヘラン会談）でも再確認され、戦後のドイツ処理に関するガイドラインとして具体化することが定められた。

モスクワ会談から三か月が経過した一九四四年一月十四日、ロンドンで第一回のＥＡＣ会合が開かれ、イギリスの代表者クレメント・アトリー（後の首相）は、ドイツ領土をほぼ均等に三分割する統治境界線を米ソ両国代表に提案した。

このアトリー案では、ベルリンは他の領域からは独立した存在と見なされており、全市をやはり三国で均等に分割統治するものと規定していた。

米ソ両国政府は、それぞれ約半年間にわたってこのプランを研究した後、同年六月頃にアトリー案の承認を発表し、九月十二日にはドイツ全土およびベルリンの終戦（ドイツ敗戦）後の行政管理について定めた議定書が、三国政府代表により正式に調印された。

ドイツ東部に位置する、人口四三〇万人（一九三九年当時）の首都ベルリンが、他の統治地域から切り離して扱われたのには理由があった。

米英ソの三国政府はいずれも、戦後のドイツが再び大国として復活できないよう国力を低下させることに強い関心を抱いていたが、同国の再建に対して一定の政治的発言力を及ぼし続けるためには、ドイツ国内の占領地域だけでなく、ドイツ国家の象徴としての存在意義を持つ帝都ベルリンにも自国の軍隊を駐留させ続ける必要があった。

そのため、一九二〇年の国内法で「大ベルリン特別地域」と規定されたベルリン市一帯の領域は、米英ソ三国の共同管理地に指定され、一部の行政部門を除いて各国の独立した軍政統治下に置かれることとなったのである。

議定書の調印から二か月後の一九四四年十一月十四日、ＥＡＣに派遣されていた三国政府の代表団は、ドイツ統治の直接的な管理主体となる二つの組織を設立することで合意に達した。

一つは、ドイツ全土における三国の統治を管轄する「管理理事会」で、もう一つは大ベルリンの統治を直接管轄する「コマンダツーラ（軍政司令部）」という名の共同統治機関だったが、後者は米英ソ三国のベルリン駐留軍責任者で構成され、同組織の長は各責任者が輪番で務める決まりとなっていた。

戦勝四か国による占領統治の開始

一九四五年に入り、フランスのほぼ全域がドイツ軍の占領下から解放されると、連合国内におけるフランス（シャルル・ド＝ゴールを指導者とする親連合国のフランス新政権）の政治的地位は大きく上昇し、ドイツの占領統治機構にフランスを加えるべきだとの提言が、米英両国からソ連に対して提出された。

ＥＡＣのソ連代表部は、本国との協議を経て二月六日に議定書の一部変更を了承し、ドイツ本国とベルリンの米英両軍の統治予定地域を再画定して、フランスの管轄地を含めるための討議が開始された。

一九四五年五月八日の午後十一時四十五分、ベルリン南東郊外のカールスホルストで、ドイツ軍の無条件降伏を確認する式典が催され、米英ソ仏各軍の代表者が「戦勝者」の側に名を連ねた。フランス政府のドイツ占領統治機構への参加が正式に認められるのは、それから約二か月後の七月二十六日に調印されるＥＡＣの新たな議定書が発効してからのことだったが、実際にはベルリンが陥落した五月の段階から、フランスは「戦勝四か国」の一角を占める存在として扱われており、ソ連側も特に異議を唱えようとはしなかった。

最初のうち、四か国のドイツ統治は順調に進んでいるかに見えた。

敗戦による食糧と生活物資の欠乏で、各国からの援助物資に頼らねば生き延びることもできない悲惨な状況下に置かれていたドイツ国民にとって、占領軍への武力抵抗は自殺行為に等しかったからである。

それゆえ、占領に対する武力抵抗はほとんどなく、各占領地のドイツ人住民は、各地域の統治部隊に協力する姿勢を表明した。そして、ドイツ人住民の大多数が目の前の現実を受け入れる道を選んだため、戦勝国の統治はおおむね予定通りに進展していった。

しかし、こうした状況も長くは続かなかった。

とりわけ、狭い領域に四か国の占領軍がひしめくベルリンでは、戦争中に直接的な共同作戦をいくつも経験した米英仏三国の軍隊と、祖国を蹂躙したドイツ人に対する復讐心を胸に抱いて敵国の首都に乗り込んできたソ連軍との間に存在する、市の統治方法に対する認識の違いが表面化し始めたのである。

ソ連軍の完全占領下に置かれていたベルリン市内に、米軍政部隊の第一陣が入ったのは、ドイツ降伏から二か月が経過した一九四五年七月五日のことだった。

ソ連側は、ベルリン陥落に先立つ四月二十八日には早くもベルリン統治の軍政司令部を創設

ドイツ降伏後の1945年6月、ソ連軍占領下のベルリンに掲げられたスターリンの巨大な肖像画。

していたが、五月上旬に市内の戦闘が停止した後も、何かと口実を設けては、西側諸国の軍政部隊が議定書に従ってベルリンへと進駐するのを拒み続けていた。

そして、ようやく六月二十九日にソ連軍のジューコフ元帥と米軍のクレイ陸軍中将(後に大将)、イギリス軍のウィークス陸軍中将の間で、米英軍のベルリン進駐についての話し合いが行われ、西側連合国がドイツ西部地域から西ベルリンへと部隊を送り込む際に使用できるドイツ東部(ソ連統治地域)の道路や鉄道、および同地域上空の航空路などが指定された。

総勢二二一人の米ベルリン軍政部隊を率いるフランク・ハウレー大佐は、七月五日の早朝に先遣隊として六人を西ベルリン地区へと送り込み、午前九時頃に事務所となる建物に星条旗とアメリカの軍政布告を貼り出させた。午前一一時過ぎに建物の前を通りかかり、普段とは様子が違うのに気付いたソ連軍の警備部隊は、米先遣隊が許可なくベルリン入りしたものと勘違いして、建物から退去するよう要求した。

二日後の七月七日にはソ連側の誤解も解け、米軍の先遣隊は本隊の受け入れ準備を進めていったが、西側連合軍の西ベルリン進駐に対するソ連軍の態度は全般的に非協力的で、米英両軍の軍政部隊は、嫌がらせとも取れるソ連側の遅延行為に悩まされ続けた。

同床異夢の米ソ両国政府

西側連合国のベルリン進駐に非協力的なソ連軍将兵の振る舞いは、ソ連の最高指導者スターリンの西側諸国に対する猜疑心の反映でもあった。

スターリンから見た戦後ドイツの占領統治とは、第一に丸四年にわたる独ソ戦で失われた自国の財産に対する賠償の取り立てであり、第二に中部ヨーロッパにおける共産主義体制の勢力圏拡大のための拠点づくりだった。

それゆえ、ソ連側の賠償要求に異議を唱えたり、共産主義勢力の西方への進出を阻むような態度をとる米英両国は、彼にとっては明らかに目的達成の障害となる存在であり、積極的に協力すべき相手ではなかったのである。

一九四五年七月十一日、各国のベルリン駐留軍司令官が市内のソ連軍司令部で一堂に会して第一回のコマンダツーラ会議が開かれ、ソ連軍のゴルバトフ大将、米軍のパークス少将、英軍のリネー少将、仏軍のドボーシェスネ准将の間で、石炭や食糧の配給など具体的な実務作業の調整が行われた。翌十二日、西ベルリン地区のソ連軍部隊は域外への撤退を完了し、西ベルリンを三つの区画に分けた米英仏三国の軍政統治がスタートした。

しかし、荒廃した西ベルリンの再興は思うようには進まなかった。復興の基盤となる市内のインフラ設備が、戦災とソ連側の収奪行為で大きな打撃を受けていたからである。

米軍が進駐を開始した七月の時点で、西ベルリンの米軍担当区域の約七割、市中心部に限れば実に約九割が、いまだ瓦礫の残る廃墟となっており、地域内にある工場の機械設備と原材料のうち九五パーセント以上は連合軍の爆撃で破壊されるか、解体されてソ連側に搬出された後だった。

ソ連側は、戦後賠償の一環として、西側の軍隊がベルリンへと入るまでの二か月のうちに、戦火を免れた西ベルリン地区の工場から各種の工業機械を根こそぎ収奪して、鉄道やトラックでソ連本国へと運び出していた。

一方の米政府は、パークス少将とハウレー大佐による米軍政のベルリン統治が開始された当初、ソ連側と協力して事に当たるよう訓令を下していた。

しかし、ソ連軍のゴルバトフ大将が第一回コマンダツーラ会議の席上、一切の法令発布には四か国代表全員の同意が必要だとする議定書の文言を根拠に、ソ連側がすでに任命したベルリン市政府職員の変更にもこの規定が適用されると発表したことから、米英仏三国はソ連側の身勝手な態度に失望し、統治方針の全体的な見直しを迫られることとなった。

警察長官のパウル・マルクグラフをはじめ、ソ連側に任命されたドイツ人市職員のほとんどは、亡命や戦時捕虜などを経てソ連国内で生活を営んでいた共産主義者であり、彼らが実務遂行の際に中立的な立場を取るとは考えられなかったからである。

こうして、敗戦国ドイツの首都ベルリンの占領統治をめぐる問題は、戦勝四か国による共同統治という当初の形態から、いつしかソ連対西側三か国の「競合統治」へと変化していった。そして、西側三か国に対するソ連側の態度は日を追うごとに冷却化し、ベルリン市の共同統治機構は、発足からわずか三年足らずで破綻することになるのである。

東西冷戦の始まりと東西ドイツ問題

ポツダム会談と米ソ対立の激化

物議を醸した第一回コマンダツーラ会議から六日後の一九四五年七月十七日、ベルリン西方の都市ポツダムで、米英ソ三国の国家元首による巨頭会談が開幕した。

スターリンとトルーマン、英首相チャーチル（会談途中で新首相アトリーと交替）の三者による会談は、二週間の会期中に計一三回行われ、対日戦へのソ連の参戦時期や日本政府に対する無条件降伏の要求宣言などと共に、戦勝国に対するドイツからの賠償問題も議題として話し合われた。

スターリンは、ヤルタ会談（一九四五年二月。第一章を参照）の際にソ連側が提案した「一〇〇億ドル」という賠償要求が米英側の同意を得られる見込みがないと悟ると、各国がそれぞれの占領地域から個別に賠償を取り立てる方向へと要求を切り換える戦術に出た。

結局、ポツダム会談ではドイツの賠償についての具体的な結論を導き出すことができなかったものの、スターリンはこれに構わず、ソ連軍占領下にあるドイツ東部地域からソ連本国への機械設備の解体移送（デモンタージュ）を加速させるよう、現地の軍政司令官たちに命令を下した。

八月一日の深夜に催された第一三回目の会談の終了後、トルーマンは他の二人に「次回の会談は、ぜひワシントンでやりましょう」と提案した。

これを聞いたスターリンは、きわどい冗談でこう切り返した。

「もし、生きていましたらな」

ベルリンのイギリス軍担当区域に設置されたイギリス陸軍本部。ベルリンは分割統治されたが、米英仏3か国とソ連との間で、対立が激化していった。

だが結局、スターリンの存命中には二度と、米ソ首脳会談が開かれることはなかった。ヨーロッパをめぐる米ソ両国の相互不信は、ポツダム会談が終了した頃から徐々に深刻化の度を深めていき、とりわけ街路を隔てて双方が対峙するベルリン市内では、アメリカとソ連の関係は疑いようのない対立状態へと移行しつつあったからである。

西ベルリン地区では、米英仏三国の統治開始後も、ソ連側の秘密工作と思われる不審な失踪事件が続発し、共産主義に反対する有力政治家が次々と姿を消していた。西側三国の軍政当局は、ベルリン統治問題でソ連側との関係が悪化することを望まず、自ら関与する代わりに再編成されたドイツ警察に捜査を指示したが、マルクグラフ長官をはじめとする警察幹部は事件の解明に本腰を入れようとせず、一九四六年一月には逆に、非番の米軍兵士が路上でソ連兵に射殺される事件がたて続けに発生した。

ソ連側の相次ぐ不法行為に業を煮やした西側三国は、三月一日にドイツ人判事三人とドイツ人法廷事務官一人の失踪事件を独自に調査すると発表し、その数日後には米軍政府のハウレー大佐が、一二人のドイツ人共産主義者を「重大な不法行為」の罪状で告発するとの発表を行った。

しかし、ソ連側の水面下での政治工作は依然として続けられ、五月一日のメーデーには共産主義を支持する市民二五万人が動員されて、ベルリンの中心部を練り歩いた。

米ソ両軍の関係が険悪化するにつれて、境界線付近での小競り合いも頻発し、アメリカ側は五月六日、偶発による銃撃戦を避けるため、自軍のパトロール区域を一キロほど後退させるよう命令を下した。

いまやベルリン市内を分断する東西両地域間の境界は、あたかも交戦国間の休戦ラインにも似た様相を呈し始め、わずか一年前には米ソ両軍兵士の間に存在したはずの親密な戦友意識は、跡形もなく消え去ってしまったのである。

ベルリン市民の共産主義への不信

ソ連と西側三国の間で緊張が高まるにつれて、市内に住むドイツ人の振る舞いにも、目に見える変化が表れつつあった。かつては欧州で最も共産主義活動が活発な都市として知られ、「赤いベルリン」とまで呼ばれたベルリンの市民が、ソ連の統治を拒絶する意思表示を各地で示し始めたのである。

第二次世界大戦の末期、多数の重戦車を引き連れてベルリン市内へとなだれ込んできたソ連兵たちは、一九四五年五月初めにドイツ軍が白旗を掲げて降伏した後、傲慢な征服者として乱暴狼藉の限りを尽くしていた。少女から老婆まで、大勢のドイツ人女性が市内のあちこちでソ連兵に暴行され、自転車や腕時計など、戦災の中で辛くも生き延びた人々が持つなけなしの財産までをも力ずくで奪い取った。

やがて、ソ連軍の軍政統治が始まると、暴行や略奪行為は次第に沈静化していったが、この短い期間にソ連兵たちが見せた行動は、ソ連という国に対する拭いがたい不信感を、ベルリン市民の心に植え付ける結果となった。

その後、ソ連軍と共にベルリン入りした共産主義者の亡命ドイツ人たちは、「反ファシズム」を旗印に、ソ連の軍政下で共産党を中核とする政治組織の再構築を開始した。

だが、粗野で横暴なソ連兵に恨みを抱くベルリン市民が、積極的に共産党を支持するはずもなく、親ソ派のドイツ人は苦しい立場へと追い込まれた。そこで彼らは、マルクグラフ率いる警察組織と結託し、民衆の支持を集めていた社会民主党という別の政党を脅迫して、強引に共産党との合併を進めさせるという手段に訴えた。

一九四六年四月二十一日、共産党と社会民主党の合併が正式に発表され、新たな政党名は「ドイツ社会主義統一党（ＳＥＤ）」と命名された。そして、同年十月二十日にベルリン全市で初の自由選挙となる市会議員選挙が実施されることが決まると、社会主義統一党はなりふり構わぬ方法で支持者集めに邁進した。

人々が慢性的な食糧不足に悩まされる中、食事と飲み物が無料で供される党のパーティが各地で開かれ、大人たちには党名入りの酒やタバコが、小学生には党の挨拶文が印刷されたノートや、当時のベルリンでは品薄だった子供靴などが山のように配られた。貴重な燃料である煉炭にもＳＥＤと刻印が打たれ、彼らの尽力でソ連国内に抑留されているドイツ人捕虜一二万五〇〇〇人の釈放が実現したとの宣伝が大々的に繰り広げられた。

しかし、こうした集票戦術にもかかわらず、市会議員選挙の結果は社会主義統一党の惨敗に終わってしまう。全投票数の二割弱しか獲得できなかった彼らは、社会民主党（共産党に併合された同名政党とは別組織）、キリスト教民主同盟に次ぐ第三党となり、全一六〇議席中二九議席しか獲得できなかった。

この大敗に驚いたソ連軍政当局は、これ以降二度とベルリンでの自由選挙を許さず、特定の候補者を信任させるだけの投票方式へと切り換えさせた。

だが、そのような小手先の対応で人々の意識を変革できるはずもなく、ベルリン市内ではソ連当局に対する市民の不信感を映し出す鏡のように、ソ連当局のベルリン市民に対する猜疑心が広がっていった。

マーシャル・プランの衝撃

一九四七年の三月から四月にかけて、モスクワで戦勝四か国の外相会談が開かれ、再びドイツの賠償問題が議題として取り上げられた。

しかし、フランスのビドー外相が提起した、ザールラント[*1]の石炭産出地帯を自国に編入したいとの申し出がソ連側に拒絶されると、フランスは態度を硬化させて東西両陣営の調停役を放棄したのみならず、いかなる形式であれドイツの中央政府を再興することに反対するとの姿勢を強めていった。

このモスクワ外相会談が開催されるまで、米英とソ連の両陣営は、占領下のドイツを永久に分割状態のまま留めようという考えは抱いておらず、中央政府が再興されたあと、自陣営へと組み込むための方策を模索していたところだった。しかし、議定書で保障された拒否権を持つフランスが、統一ドイツの中央政府再興を拒絶する姿勢を見せたことで、近い将来にドイツの分割状態が解消される見込みは皆無となった。

統一状態でのドイツ再建構想が暗礁に乗り上げると、東西両陣営は新たなドイツ処理の方策を見出さねばならない状況に陥ったが、ベルリン市内で両軍の緊張状態が高まりつつある中では、協調して新たな道を探ることは不可能だった。そして、相互不信の悪循環にはまり込んだ米ソ両国は、ドイツ問題を含めた地球規模での安全保障戦略においても、完全な対立の時代へと足を踏み入れていった。

ことの始まりは、一九四六年二月九日にスターリンが行った「世界経済が現在の資本主義的発展に依存している状況では、恒久的な平和など不可能である」という、挑発的な演説だった。これに対し、トルーマンはこの発言を第三次世界大戦に向けた布石と見なして、翌一九四七年三月十二日に米下院議会で次のような内容の演説を行った。

「世界のいかなる地域であれ、また直接・間接を問わず、平和を脅かす侵略行為が発生した場合、我々はこれを合衆国の国家安全保障に関わる重大問題として対処する」

後に「トルーマン・ドクトリン」または「共産主義勢力の封じ込め戦略」と呼ばれることになる、このアメリカの新たな世界戦略は、ヨーロッパ中部におけるソ連の影響圏が現在のドイツ東部よりも西側へと進出することを許さないという、スターリンに対する事実上の挑戦状でもあった。

＊1　ザールラント＝ザールラント州はドイツ中西部にあり、フランスと国境を接している。石炭や鉄鉱石が豊富に存在しており、多くの製鉄所などがある産業の中心地で、第一次世界大戦でドイツが敗北した後は国際連盟の管理下にあった。第二次世界大戦後、フランスは同地域を編入できなかったが、最終的にフランス保護領となるも、一九五七年に西ドイツに復帰した。

そして、三か月後の一九四七年六月五日、ジョージ・マーシャル米国務長官がハーバード大学の卒業式で演説を行い、米政府によるヨーロッパ諸国への経済復興支援構想（マーシャル・プラン）を内外に向けて披露した。

「ヨーロッパが健全な状態に戻るように、できるだけの援助をすべきことは当然である。それなくしては、政治的安定もなければ平和の保障もない。わが国の復興支援計画は、いずれかの国を敵とするものではなく、飢えと貧しさ、絶望と混乱を根絶することに狙いを定めたものである。

わが国の復興支援の仕事を手伝おうとする全ての政府は、わが国の政府の完全な支援を得られるだろう。一方、他国の復興を阻害しようと工作する政府は、わが国の援助を期待できない。それればかりか、政治的あるいはその他の利益を得る目的で、現在の惨状を永続化させようとする政府、政党その他の集団は、わが国の強い反対に遭うだろう」

陸の孤島となった西ベルリン

反撃策を練るスターリン

米政府が相次いで発表したトルーマン・ドクトリンとマーシャル・プランは、スターリンの目から見れば、相互補完的にソ連の対外進出を阻もうという巧妙な罠に他ならなかった。

ヨーロッパ諸国の経済的な困窮状態は、労働者や農民などの低所得者を支持母体とする共産党にとっては勢力拡大のチャンスだったが、アメリカの資金が流入して経済状況が改善されてしまえば、その貴重なチャンスが失われることは確実だったからである。

また、アメリカの資金で復興を遂げた国が、安全保障面でも米軍と協力関係に入るであろうことは確実で、もしマーシャル・プランが広範囲にわたって成果を挙げれば、それは親米国家群による対ソ連の共同戦線が形成されることを意味していた。

スターリンは、ユーゴスラヴィアとアルバニア、フィンランドを含む東欧諸国の政府に向けて「マーシャル・プランの話し合いには応じないように」との通達を送付し、この三国を含む八か国のマーシャル・プランへの参加を阻止することには成功したが、一九四七年七月十二日にパリで開かれた復興計画会議には西欧の一六か国が参加し、スターリンの不安が解消されることはなかった。

危機感を抱いたスターリンは、二か月後の九月二十二日、劣勢を挽回するために新たな策を講じた。ソ連、ポーランド、チェコスロヴァキア、ハンガリー、ルーマニア、ブルガリア、ユーゴスラヴィアの各共産党政権代表者と、フランスおよびイタリアの共産党代表者がポーランドに結集し、共産主義国の国際的な連帯機関「共産党・労働者党情報局（コミンフォルム）」[*2]を結成したのである。

豊富な資金援助を前提とするマーシャル・プランに較べると、コミンフォルム参加国の経済的なメリットは皆無に近かったが、彼らが個別にマーシャル・プランへと鞍替えするのを防止するためには、圧倒的な軍事力を背景とするソ連政府の威光を武器に、各国をソ連の影響圏に囲い込んでおくことが必要だった。

実際、チェコスロヴァキアはマーシャル・プランへの参入に前向きな姿勢を見せていたが、七月九日にモスクワへ呼び出されたチェコの首相ゴットワルトはクレムリン（モスクワのソ連政府）でスターリンから露骨な脅迫を受け、翌七月十日にプラハで開かれた緊急閣議ではパリ会議への不参加が満場一致で決議された。

つまり、アメリカの経済的支援による西欧諸国の復興を主題とするマーシャル・プランとは異なり、コミンフォルムの主題はヨーロッパでのソ連の威信を保持することにあり、決してソ連の経済的支援による東欧諸国の復興が目的ではなかったのである。

ベルリンに対する封鎖の始まり

スターリンの思惑とは裏腹に、コミンフォルムの結成後もトルーマンは東側に対する強硬姿勢を弱めようとはせず、一九四七年十二月には西側三国のドイツ統治地域からソ連への賠償物資の提供を一切停止するとの発表を行った。

また、一九四八年三月六日には、米英仏とオランダ、ベルギー、ルクセンブルクの計六か国の外相がロンドンに集まり、ドイツ西部地域を暫定国家として東側地域から切り離した形で独立させるとの構想を話し合った。

東西両陣営の対立は、それぞれの陣営に統治されているドイツの諸地域にも多大な影響を及ぼし、ドイツの国土が統治境界線によって完全に分断されることは、時間の問題となりつつあったのである。

そして、ロンドン外相会議から二週間後の三月二十日、ベルリンで開かれた管理理事会の会合で、ソ連代表のソコロフスキー元帥は「もはや『管理理事会』などという組織は存在しない」と言い放ち、ソ連代表団一六人はそのまま会場から退出してしまった。

ソ連側が管理委員会との訣別を宣言したことで、東西両陣営の間に存在したドイツ処理問題

＊2　**共産党・労働者党情報局（コミンフォルム）**＝アメリカのマーシャル・プランに対抗するものとしての東側の引き締め的な意味合いだったコミンフォルムの他に、ソ連は一九四九年に東欧諸国を中心とした共産主義諸国を対象に「東側版マーシャル・プラン」ともいえる「経済相互援助会議（COMECON：コメコン）」を結成しているが、経済復興という点ではマーシャル・プランに及ぶものではなかった。

を協議するためのパイプは事実上断ち切られ、米ソ両国による東西両ドイツの分離独立という構想が現実問題として浮上するようになった。

だが、スターリンにとって厄介だったのは、ドイツ東部地域の心臓部に当たるベルリンの西半分を占める「飛び地」の存在だった。ドイツ東部を独立国家とする場合、首都の西半分に米英仏の支配地域を残すことは、東ドイツ国家の将来に多大な否定的影響を及ぼすものと予想されたからである。

一九四八年三月二十六日、ドイツ社会主義統一党の党首ヴィルヘルム・ピークは、モスクワでスターリンと会談し、西ベルリンから西側三国を追い出すことができれば、ベルリンをめぐる政治問題の多くは解消できると提案、スターリンもこれに同意した。だが、一連の外交手続きで認められた三国の西ベルリン駐留を止めさせるためには、何らかの大義名分と既成事実づくりが必要だった。

そこで、スターリンは国防相のニコライ・ブルガーニンに対し、西ベルリンとドイツ西部地域を結ぶ陸路での交通に制限を加えるよう命令を下した。

三月三十日、ソ連側のベルリン軍政府の副長官ドラトウィンは、ブルガーニンの指示に従い、西側三国のベルリン軍政府に対して次のような通達を送付した。

「四月一日以降、ソ連統治区域（ドイツ東部）を通過するアメリカおよび全連合国要員は、身分証明書類をソ連側に提示することが義務づけられる。また、ソ連統治地区を通過する各種の軍需貨物や、アメリカおよび全連合国要員の手荷物は、すべてソ連側要員による検査の対象となる」

翌三月三十一日、米軍政府は「ソ連側の一方的な要求には従えない」としてソ連側検問への協力を拒否したが、ソ連側は米軍の抗議を無視して占領境界線での検問を開始し、四月一日には米英それぞれ二本ずつの列車が、ソ連側検問への非協力という理由でソ連統治地区の通過を拒絶された。

西ベルリンからの米英仏三国の駆逐を目指す、スターリンとソ連軍政当局による「ベルリン封鎖」の第一幕が始まったのである。

占領統治下ドイツの通貨問題

一九四八年四月三日、マーシャル・プランの根幹となる欧州復興法が米議会を通過し、大統領の署名を受けて発布された。

総予算額は一三〇億ドルで、当時の米国民総所得の二パーセントほどに過ぎなかったものの、第二次世界大戦の戦禍で国土が荒廃した西欧諸国にとっては、正に干天《かんてん》の慈雨《じう》とも言うべき朗報だった。

だが、この間にもベルリン情勢は緊迫の度を深めており、西側三国にとって事態は予断を許さない状況に陥りつつあった。

米軍のドイツ軍政副長官から長官へと、一九四七年三月に昇進していたルシアス・クレイ大将は、一九四八年四月十日にワシントンDCへ報告を送り、「我々は実力で追い出されない限り、ベルリンを退去すべきではありません。もし撤退すれば、ヨーロッパにおけるわが国の威信は地に墜ちてしまうでしょう」との提言を行った。

マーシャル・プランの本格的な始動を目前に控えた米政府にとって、ソ連の圧迫を受けている西ベルリンの死守は、今後の西欧復興計画を円滑に進める上で絶対に譲ることのできない前提の一つだった。

五月十八日、スターリンは「ベルリン封鎖」の第二幕に着手し、ソ連政府の決議として「大ベルリン全市を含むソ連統治区域の全域で通貨改革を行い、六月二十四日から新たなドイツマルクを流通させる」との声明を発表した。

この決議は、西ベルリンで流通する通貨をドイツ東部全域と共通化することで、西ベルリンの経済を東側に取り込もうという計略だったが、アメリカはこのスターリンの挑戦を受けて立つ覚悟を決め、六月十八日に「六月二十日付でドイツ西部地域と西ベルリンに新たな通貨（通称：マルクB）を流通させる」と宣言した。

この素早い対応により、今度はソ連側が慌てる番となった。

ドイツ人の立場から見れば、確実な裏付けのない東側の紙幣よりも、マーシャル・プランの後押しが保障されている西側の紙幣を選ぶのは当然だったからである。

六月二十二日には、管理理事会の存在意義を否定したはずのソコロフスキーが西側に抗議文を送りつけ、「管理理事会の決定なしに行われた西側の通貨改革は違法行為だ」と詰め寄ったが、もはや手遅れだった。マルクBから四日遅れで登場した東側の紙幣には、間もなく「タペテンマルク（壁紙紙幣）」という嘲笑的な渾名が付けられ、貨幣価値の格差は瞬く間に西側貨幣の優位へと傾いていった。

マルクBの登場と共に、ドイツ西部地域の経済が回復の兆しを見せ始めると、面子を潰されたスターリンは、六月二十四日に「ベルリン封鎖」の第三幕、すなわち西ベルリンに通じる陸路の完全封鎖を実行させた。

東西ベルリンの支配権をめぐる東西両陣営の対決は、いよいよクライマックスを迎えたのである。

英米軍輸送機の西ベルリンへの大空輸作戦

米ソ両陣営の威信を賭けた争い

一九四八年六月二十四日の未明、ソ連軍政当局は、ドイツ西部とベルリンを結ぶ鉄道線路が「技術的理由により」使用不能になったとの発表を行い、通行を予定していた全ての列車を無期限で運休させた。

続いて、ソ連統治区域への西側車両の進入を禁じるバリケードが各検問所に設けられ、食糧や燃料などを西ベルリンに搬入しようとするトラックはすべて足止めを食わされた。

西ベルリンへの物資搬入に対するソ連側の妨害行為は、前にも述べた四月一日の検問開始から段階的に進められてきたが、鉄道とトラックという物流の大動脈が完全にストップさせられたのは、これが初めてだった。

西ベルリンがソ連側によって完全に封鎖されたとの報せを受けたトルーマンは、ただちにローヤル陸軍長官とクレイ軍政長官に対応策を検討させた。

クレイは、米軍が保有する全ての輸送機をベルリンに差し向けて、人口二〇〇万を越える西ベルリン市民に食糧と燃料を補給するとの計画を立案し、在欧米空軍の総責任者カーティス・

ルメイ空軍中将に提案した。ルメイは、西欧に駐留する一〇〇機近いC—47輸送機に空輸準備を開始させると共に、米本土やアラスカ、パナマなどからも輸送航空隊をドイツ西部に移送させた。

スターリンの計画では、食糧と燃料の欠乏で西ベルリン市民の間に不満が高まり、こうなったのは西側三国の強情さのせいだとして、西ベルリン市民が彼らに退去を要求する、という展開になるはずだった。

ソ連側は、封鎖の直後から西ベルリン市民に対して大々的な政治宣伝を繰り広げ、「東側のマルクに通貨を切り換えれば物資を自由に購入できる」という甘言と「西ベルリンの各地で深刻な食糧不足が発生しており、このままでは大量の餓死者が出る恐れがある」という脅しを使い分けた心理戦で、西ベルリン市民に揺さぶりをかけた。

八月二日、スターリンは米英仏三国の外相をクレムリンに迎え、西ベルリン市民を人質にとった彼の要求を西側政府に伝えた。

「今回の措置は、あなた方の通貨改革が招いた結果です。我々としては、ドイツ西部を独立した国家にしようというあなた方の計略から、東部地域の経済を守る必要があった。

そもそも、ドイツ西部が単独で独立国となるのであれば、もはやベルリンは統一国家としての『ドイツの首都』ではなくなりますし、そうなるとあなた方の軍隊がベルリンに駐留し続ける根拠も失われるわけですな」

スターリンは、西ベルリンに東側通貨を流通させることと、ドイツ西部の独立構想を先送りすることの二つを、封鎖解除の条件として西側に提示した。だが、このような脅迫はスターリンの思惑とは正反対の効果をもたらすことになる。

この年の三月十七日、英仏両国とベネルクス三国（ベルギー、オランダ、ルクセンブルク）は、将来における（復興統一後の）ドイツの軍事的脅威の復活に共同で対処すべく、「ブリュッセル条約」と呼ばれる準軍事同盟を締結していたが、八月二十五日に同条約の加盟五か国とアメリカの代表者が緊急会合を開き、この条約をソ連および東側諸国による西欧諸国への侵略行動に対しても適用するとの方針を、改めて打ち出したのである。

これにより、交渉による事態打開の可能性は消滅した。二〇〇万人を超える西ベルリン市民の運命は、クレイとルメイが立案した各種物資の大空輸作戦に委ねられたのである。

米英の輸送機が築いた「空の架け橋」

ベルリン救援物資を満載した最初の輸送機が、ドイツ西部の基地を離陸したのは、全面封鎖の開始から二日後の一九四八年六月二十六日のことだった。

一九四五年十一月三十日の管理理事会で承認された協定では「占領諸国の航空機は、ベルリ

物資を満載し、ベルリンのテンペルホフ空港に着陸しようとするC−54輸送機とそれを見守るベルリン市民。

ンからハンブルク（北西）、ビュッケブルク（西）、フランクフルト（南西）へ向かう幅二〇マイル（約三二キロ）の空廊（空中の通路）を、いついかなる時にも使用できる」と定められており、この協定文に従えば、三本の空廊内を飛行する西側の輸送機に対して、ソ連側の戦闘機は手出しできないはずだった。

輸送機を撃墜すれば即座に第三次世界大戦の勃発につながることを承知していたスターリンは、直接的な武力を使わない方法で、輸送機の運航を妨害しようと試みた。空廊内へと侵入してきたソ連機が、輸送機の目前でいきなり方向転換したり、機体に急接近したりする事件が続発し、輸送機のパイロットを緊張させた。

実際、西ベルリン救援の空輸作戦が本格

ベルリンはソ連が占領していたドイツ東部にあり、さらにベルリン市内が図のように四か国によって分割統治されていた。封鎖されたベルリンに対し西側は3本の空廊によって大量の物資をベルリンに届けた。

的に開始される前の一九四八年四月五日には、西ベルリンの基地へ軍需物資を輸送するイギリス軍の輸送機にソ連軍の戦闘機が誤って衝突し、両機の乗組員が死亡する事故が発生していた。この時には、ソ連側が即座に謝罪したため、事態がエスカレートすることはなかった。

しかし、こうしたソ連側の嫌がらせも、輸送機の運行スケジュールにはほとんど影響を与えることができず、米英仏各軍の輸送機は、二四時間態勢で一時間に平均三〇機（最盛期には六〇機）という過密状態の中で各種物資の輸送を継続した。

西ベルリン救援のための空輸が開始された当初、輸送機の主力は一九三四年に設計された旧式機のC―47だったが、増援として到着した航空部隊には、飛行性能と積載量の両面でC―47より優れた大型輸送機のC―54が大量に配備されており、空輸開始から数か月後には西ベルリンへと運び込まれる物資の量は飛躍的に増大した。

米英両軍による西ベルリンへの大空輸作戦の名称は、米軍側では「食糧（ヴィトルズ）作戦」、英軍側では「粗食（プレーンフェア）作戦」と呼ばれ、さらに「小さな食糧（リトル・ヴィトルズ）作戦」と呼ばれる、西ベルリンの子供たちへの菓子類の空中投下作戦が並行して実施された。

実際には、補給物資の総量に占める食糧の割合は約四分の一に過ぎず、全体の三分の二は燃料用の石炭だったが、空腹に悩む西ベルリン市民にとっては、輸送機から下ろされる食糧こそが、明日への生存につながる「希望の象徴」だったのである。

屈服させられたスターリン

西ベルリンへと空輸される援助物資の量が増加するにつれて、米英両管理地区にあるテンペルホフとガトウの二空港だけでは荷下ろしの需要を賄えなくなり、西ベルリン北部のフランス管理地区にあるテーゲルに、新たな飛行場が突貫工事で建設された。

十一月五日にテーゲル飛行場の稼働がスタートし、救援輸送機の運航が軌道に乗り始めると、一日当たり平均五〇〇〇トンの各種物資が西ベルリン市内へと運び込まれた。

米英両軍の輸送機が、途切れることのない数珠繋ぎの隊形で次々と西ベルリンに飛来する光景は、ソ連側の軍政当局を大いに苛立たせたが、クレムリンが実力行使の命令を下さない以上、指をくわえて見守る他に術はなかった。

事態の推移を静観していたスターリンは、冬の天候悪化で空輸作戦が滞ることを期待したが、充分な石炭を供給された西ベルリン市民は無事に冬越しすることに成功し、輸送機の運航にもさほどの変化はなかった。

一方、西ベルリンの封鎖というスターリンの決断は、彼が予想もしなかった影響を、東ベルリン経済に及ぼし始めていた。

封鎖が実施される前には、東ベルリンで操業する工場の多くは西ベルリンの企業との間で原材料の購入などの商取引を行っていたが、封鎖によって取引が断たれたことで、それらの工場の生産効率が大きく低下していたのである。

もはや、陸路の封鎖による経済的・政治的圧力で西ベルリン市民を東側に屈服させようという、スターリンの策略が失敗に終わったことは明白だった。

封鎖開始から一一か月が経過した一九四九年五月四日、ソ連軍政当局は「西ベルリンにおける交通・通信・貿易の制限を五月十二日に解除する」との声明を発表した。

一九四八年六月二十六日から、空輸作戦最終日の翌一九四九年九月三十日までの間に、米英両国の輸送機は、西ベルリンの三か所の飛行場で約二七万八〇〇〇回の離着陸を行い、約二三三万トンの各種物資を西ベルリンへと送り届けた。

物資総量の七七パーセントに当たる約一八〇万トンを供出したアメリカは、この一連の行動を通じて、西欧諸国を共産主義勢力の侵略から守る「自由主義世界の守護者」としての地位を内外に示すことに成功した。

西ベルリンを舞台とした東西両陣営の最初の対決は、西側に軍配が上がったのである。

東西冷戦の幕開けとなったベルリン封鎖

一年近くにわたったベルリン封鎖は、最終的にソ連側の譲歩と共に収束を迎えたが、この事件によって大きく悪化した西側諸国と東側諸国の関係は、二十世紀末の東西冷戦終結まで、二度と改善されることはなかった。

言い換えれば、一九四八年のベルリン封鎖が、東西冷戦時代の事実上の幕開けとなる出来事だったのである。

とりわけ、スターリンにとって大きな誤算だったのは、ベルリン封鎖に直面した西側諸国が、東側の軍事的脅威を実体以上に評価して、安全保障面での結束を飛躍的に強化してしまったことだった。

ドイツとの戦争で国内経済に大打撃を被ったソ連は、地球規模での新たな戦争をアメリカとの間で行えるような経済力を保持していなかったため、スターリンは封鎖の全期間を通じて、偶発的事件による第三次世界大戦の勃発に神経を尖らせ続けていた。

当時のソ連政府にとって、ドイツ東部に展開するソ連軍の存在はあくまで「西側を威嚇するための道具」であり、本気で西側と戦争を始めるつもりは毛頭なかったのである。

しかし、アメリカと西ヨーロッパ諸国は、ベルリン封鎖を断行したスターリンの態度を見て、ドイツ東部のソ連軍がさらに西へと侵攻する可能性は小さくないと考え、復興後のドイツを仮想敵国とした一九四八年三月調印のブリュッセル条約に代わる、より広範囲で実務的な対ソ軍事同盟を結ぶ必要があるとの結論に達した。

こうして、一九四九年四月四日にアメリカとカナダおよび西欧一〇か国の間で、ソ連と東側諸国を事実上の仮想敵国とする安全保障同盟「北大西洋条約」が締結され、加盟各国の軍隊から成る集団防衛体制（北大西洋条約機構＝ＮＡＴＯ）が確立されたのである。

一方、米英両国からの援助物資で辛くも生き延びた西ベルリンは、この危機が去った後も厳しい状況下に置かれ続けた。

そして、一九四九年五月二十三日に西側連合国統治下のドイツ西部地域が「ドイツ連邦共和国（西ドイツ）」として独立し、同年十月七日にドイツ東部地域で「ドイツ民主共和国（東ドイツ）」が建国されると、西ドイツの一部である西ベルリンは再び、敵国の奥深くに取り残された「陸の孤島」と化してしまう。

独自の経済基盤を持つ西ベルリンの存在が、資本主義経済のショーケースとして東ベルリン市民を幻惑することを恐れた東ドイツ政府は、一九五二年五月二十六日に新たな法令を制定して、ベルリンの東西両地域間の自由な移動を禁止する措置をとった。

そして、日に日に増大する東ベルリンから西ベルリンへの市民の流出を防ぐため、一九六一年八月十三日にはベルリン市内の国境線に沿って、往来を阻む「壁（マウアー）」の建設が開始された。

これ以降、ベルリン市を分断する「壁」の存在は、東西対立の激化で生まれた「ドイツ分割」という悲劇の象徴として語られ続けるようになる。

この、東西ベルリンに住む人々の自由な交流を阻む「壁」が、ベルリン市民の手で打ち壊されて、ドイツが再び統一国家として甦るまでには、さらに三〇年近い月日が必要とされたのである。

第三章

朝鮮戦争　1950〜1953

日本敗戦後、朝鮮半島はソ連が後押しする金日成（キム イルソン）の北朝鮮と、アメリカが支援する李承晩（イ スンマン）の韓国に北緯三八度線で分割された。一九五〇年六月、武力統一を目指す北朝鮮が侵攻を開始し、冷戦構造下最初の戦争が勃発した。一九五三年に休戦協定が調印されたものの、朝鮮半島を舞台に現在も予断を許さない状況が続く。南北分断の発端となった戦争は、どのように始まり、どんな経過をたどったのか。

アジアで始まった東西冷戦構造の最初の戦争

ベルリン封鎖から二年後の一九五〇年六月、朝鮮半島で新たな戦争が勃発した。半島の北部に位置する朝鮮民主主義人民共和国（以下「北朝鮮」と略）の軍隊が、北緯三八度線を越えて南下し、南部の大韓民国（以下「韓国」と略）に攻め込んだのである。

戦後の日本では、朝鮮戦争は経済的復興の重要な起爆剤となる「朝鮮特需」を生んだ出来事として記憶されてきたが、国際社会にとっても、この戦争は第二次世界大戦以後の歴史における大きなマイルストーン（里程標）となる出来事だった。

朝鮮戦争は、アメリカを中心とする「自由主義陣営（西側諸国）」と、ソ連および中国が頂点に立つ「社会主義陣営（東側諸国）」が対決した最初の戦争であり、地球規模での東西冷戦の構図を決定づける戦いでもあった。

この戦争以後、東西両陣営は、それぞれの支援する政権や武装勢力を戦わせる「代理戦争」を、ソ連崩壊（一九九一年）までの約四〇年にわたって、東南アジアやアフリカ、中南米などの世界各地で繰り広げることになる。

では、なぜ朝鮮半島は大日本帝国の敗戦後に北と南の二つの国に分断され、いかなる理由で朝鮮戦争は勃発したのか。そこでは、どのような戦いが繰り広げられ、アメリカやソ連、中国はどんな形でこの戦争に関与したのか。そして、東西冷戦期の初期に発生した朝鮮戦争は、なぜ今も「終戦」を迎えられずにいるのか。

本章では、一九四五年八月から朝鮮戦争の発生に至るまでの朝鮮半島の政治情勢と、戦勝国として朝鮮半島に進駐した米ソ両国の思惑、そして一九五〇年六月の北朝鮮軍による韓国侵攻開始から同年十月の中国（中華人民共和国）の軍事介入を経て一九五三年の休戦に至るこの戦争の実相を、政治と戦略、作戦の各観点から改めて読み解く。

日本降伏後の朝鮮と米ソ両軍の朝鮮半島進駐

政治的空白が生じていた終戦直後の朝鮮半島

一九四五年八月十五日に、天皇がポツダム宣言受諾を全国民に知らせるラジオ放送（いわゆる玉音放送）を行った時、朝鮮半島はいまだ大日本帝国の統治下にあり、第二次世界大戦末期にポーランドのワルシャワやチェコのプラハでドイツ占領軍に対して行われたような「自力で独立を回復するための武装蜂起」は、朝鮮では発生しなかった。

なぜなら、日本による朝鮮統治は、一九一〇年八月二十二日に大日本帝国と大韓帝国の間で調印された「日韓併合条約（韓国併合ニ関スル条約）」に基づく韓国併合（同年八月二十九日）以来、三五年にわたって続けられたが、一九一九年三月一日に朝鮮各地で発生した独立を求める民衆蜂起（いわゆる三・一運動）のあと、朝鮮における独立要求の民族運動は下火となり、大規模な蜂起を実行可能な抵抗組織が事実上消滅していたからである。

その背景には、日本の官憲による朝鮮の民族主義者の苛烈な取り締まりに加えて、一九一九年八月に第三代朝鮮総督となった斎藤実海軍大将が行った「文化政治」と呼ばれる融和的な統治政策が存在した。

斎藤は、一九二〇年に下達した「朝鮮民族運動ニ対スル対策」の中で、朝鮮の貴族や両班[*1]（王朝時代の支配階級）、儒生（儒学者）、富豪、教育家、宗教家を懐柔し、資金を与えて親日団体を作らせるなど、日本の統治者に都合のいい「親日派」を、朝鮮社会の枢要部に増やすことを指示していた。こうした政策の効果もあり、大日本帝国が政治支配力を失った時、朝鮮にはそれに取って代われる全国規模の朝鮮人主体の政治勢力が存在せず、政治的な力の空白状態が生まれていたのである。

＊1　両班＝「ヤンバン（韓国読み）」、「リャンバン（北朝鮮読み）」と読む。高麗および李朝時代の官僚階級で、上級身分の支配層を形成した。文官を「文班」、武官を「武班」といい、この二つを合わせて両班という。朝議に際して文班は東側に、武班は西側に列したことから、それぞれ「東班」「西班」とも呼ぶ。官位・官職を世襲的に独占し、地租を除いた賦役・徴税の免除、兵役の免除、宿泊に際して庶民に優先して泊まることができるなど、さまざまな特権を有していた。

だがそれでも、朝鮮の人々は八月十五日を「大日本帝国の支配からの解放」、つまり独立の回復（光復）として喜び、同日夜には「朝鮮建国準備委員会（建準）」と称する政治組織がソウルで設立された。この組織を指導したのは、第二次世界大戦中には一時期「親日派」として活動した経歴を持つ、呂運亨《ヨウニョン》という民族運動家で、各地方都市でも同様の朝鮮人による準行政組織が次々と誕生していった。

それから半月後の九月六日、各地の独立準備委員会の代表者がソウルの京畿《キョンギ》女子高校で一堂に会し、米英ソ中などの主要国が承認してくれることを期待して「朝鮮人民共和国」臨時政府の樹立を宣言した。

だが、呂運亨が終戦前に日本の朝鮮総督府の幹部（政務総監の遠藤柳作《りゅうさく》）と秘密裏に接触し、行政権の移譲で密約を結んでいたことから、戦勝国はこの動きに「親日派の策謀」という不信感を抱き、朝鮮半島を北緯三八度線で分割して、アメリカとソ連が南北それぞれの地域を軍政統治下に置くという方針が定められた。

米軍とソ連軍の朝鮮半島への進駐開始

そもそも朝鮮半島を北緯三八度線で区分し、その北ではソ連軍が、南では米軍が日本軍の武装解除に当たるという方針は、米英中ソ四か国の政府が合意し、トルーマン米大統領が一九四五年八月十七日に承認した「一般命令第一号」（連合国最高司令官指令）に明記されていた。

だが、米ソ両軍の進出境界線として明文化された北緯三八度線という境界は、朝鮮の政治や文化など説得力のある根拠に基づいて設定されたわけではなく、あくまで当面の米ソ両軍の占領地域の境界として定められた、便宜上の線に過ぎなかった。

つまり、アメリカのトルーマンとソ連のスターリンは、戦後の朝鮮をどう統治するかという見通しも、それを自国の国益にどう結びつけるかという具体的な戦略的プランも、一九四五年八月の時点では持ち合わせていなかったのである。

アメリカ側は当初、北緯四〇度までを自軍の進出範囲に含めてはどうかと考えたが、現実問題としてそのような領域まで展開可能な兵力は、朝鮮半島付近には一つも存在しておらず、最も近い場所にいるのは、半島から八五〇キロ以上離れた沖縄の駐留部隊（ホッジ少将の陸軍第24軍団）だけだった。

そのため、アメリカ側は、日本軍が総督府を置いていたソウルと、主要港のある釜山《プサン》および仁川《インチョン》を自軍支配地域に含められれば御の字であると考え、これらの都市よりも若干北側に位置する北緯三八度線を米ソ両軍の占領境界線とする構想を、とりあえずの叩き台としてソ連側に提案したのである。

実際には、この北緯三八度線ですら、日本軍降伏時点での米陸軍の展開能力を考えれば欲張った線引きだった。だが、スターリンはこの条件に異議を差し挟むことなく了承し、後々まで禍根を残すことになる北緯三八度線という境界線が、正式に画定された。

ソウルで「朝鮮人民共和国」臨時政府の樹立が宣言されてから二日後の九月八日、米軍の最初の部隊が朝鮮半島へと上陸したが、彼らはこの臨時政府を完全に無視して、朝鮮南部の全域を軍政下に置くための準備作業を開始した。臨時政府の名簿に、朝鮮国内の共産主義者が多数名を連ねていたことも、アメリカ側の警戒心を刺激していた。

そして翌九月九日、日本占領統治の最高司令官を兼ねる極東地域の連合軍総司令官[*2]ダグラス・マッカーサー元帥の名前で、次のような内容の布告が発表された。

「朝鮮の北緯三八度線より南の地域と住民に対する行政権は、当分の間、本官（マッカーサー）の権限に属する。朝鮮の住民は、本官と本官の権限の下の命令に服従せよ」

一方、北緯三八度線の北では、八月八日に日ソ中立条約を破棄して翌九日に参戦したソ連軍が、満洲国への侵攻と並行して、日本海側から朝鮮領内へ小規模な部隊を送り込んでいた。

八月十二日、ソ連第25軍所属の海軍歩兵（陸戦隊）が朝鮮北東端の雄基《ウンギ》と羅津《ラジン》の二か所で上陸作戦を行い、十六日にはその南西に位置する清津《チョンジン》、さらに二十一日には釜山や仁川と並ぶ朝鮮半島東部の重要港である元山《ウォンサン》にも、それぞれ海軍歩兵の小部隊を上陸させた。

ソ連第1極東方面軍司令官メレツコフ元帥は、配下の第25軍を朝鮮占領部隊に指定し、九月一日までに朝鮮北東部の咸興《ハムン》に占領軍司令部を開設するよう命令した。

ところが、八月二十四日に咸興入りした第25軍司令官チスチャーコフ大将は、朝鮮北部の中心都市は平壌《ピョンヤン》であることをメレツコフから知らされ、八月二十六日に司令部所在地を平壌に移転させた。

そして、第25軍司令部は、彼らの意向に従う朝鮮人有力者の人選にとりかかった。

「金日成」こと金成柱と李承晩の朝鮮半島への帰還

ソ連側がまず白羽の矢を立てたのは、朝鮮北部を活動基盤とする民族派の重鎮・曺晩植《チョマンシク》という人物だった。

この曺晩植を人気集めの「看板」として朝鮮北部の統治機構のトップに据え、その下にソ連側の意向を汲んだソ連系朝鮮人や朝鮮共産党の人材を多数送り込んで、モスクワ（ソ連政府）の間接的な支配権を確立しようと考えたのである。

＊2　ダグラス・マッカーサー（Douglas MacArthur：一八八〇年一月二十六日～一九六四年四月五日）＝ＧＨＱ（連合国最高司令官総司令部）の総司令官として日本の占領政策に当たり、コーンパイプとフィリピン軍帽のトレードマークで日本人にも知られている。マッカーサーは、母の過剰ともいえる愛情を受けて育ち、一八九九年にウエストポイントの陸軍士官学校に入学。卒業後、第一次世界大戦に参戦するなど軍歴を重ね、一九三〇年に五十歳でアメリカ陸軍最年少の参謀総長となった。参謀総長退任後の一九三五年にはフィリピン軍の軍事顧問として同地に赴任したが、太平洋戦争勃発による日本軍の侵攻の際、「アイ・シャル・リターン（私は戻ってくる）」との言葉を残して同国から撤退した。太平洋戦域における米軍の反攻作戦では、フィリピンから沖縄に向かう作戦を指揮した。名将という評価の他に、独善的、政治的など、マッカーサーの人物評は多岐にわたっており、多くの研究もなされている。

第25軍の特殊宣伝部長メクレル中佐は、曺晩植を支える役割に適した在ソ連の親ソ派朝鮮人を何人か選んで平壌に連れてくるよう命じられ、ソ連領内のハバロフスク近郊にあるビャツコエという小さな村で、ソ連軍第88特別旅団の朝鮮人指揮官と面談した。

この旅団は、満洲国内で抗日ゲリラ活動に従事した経験を持つ中国人と朝鮮人の闘士をソ連側で集めて編成した政治工作部隊で、当初は対日参戦と同時に満洲国と朝鮮に浸透して、民衆の扇動や後背地情報の収集などを行うよう訓練されていた。だが、満洲侵攻が短期間で終結したことから、第88特別旅団は出番が無いまま終戦を迎えていた。

第88特別旅団の朝鮮人将校を面接したメクレルは、その中から数名を選び出し、平壌に向かうよう命令した。ソ連軍の軍服を着用した彼らは、九月十八日の夜にウラジオストクで船に乗り、翌十九日の朝に元山へ到着した。

最終的に約五〇人からなるこの朝鮮人グループを実質的に率いていたのは、ソ連軍大尉の肩章を付けた、あまり貫禄のない三三歳の青年だった。後に北朝鮮の最高指導者「金日成《キムイルソン》」となる若き革命家、金成柱《キムソンジュ》である（金聖柱という字をあてる説もある）。

一方、北緯三八度線の南では、「朝鮮人民共和国」臨時政府を無視したマッカーサーの布告が人々を大いに失望させたが、さらに彼らの神経を逆撫でしたのは、米軍の占領当局が、阿部信行総督をはじめとする日本の旧総督府の人材を戦犯として訴追するどころか、九月九日にそのまま再雇用して、米軍の手足として使い始めたことだった。

米軍の軍政当局は、日本の占領統治については事前準備を周到に行っていたが、朝鮮の国内事情に関する有効な知識は全く持ち合わせていなかった。そのため、旧総督府の人間が持つ統治のノウハウをそのまま流用しようと安易に考えたのである。

だが、各地で沸き起こった朝鮮民衆の抗議集会を目の当たりにして、日本の旧総督府に対する朝鮮人の反感と憎悪が予想以上に強いことを知った米軍政当局は、三日後の九月十二日に旧総督府の幹部要員を解雇すると共に、より民衆に受け入れられやすい親米派朝鮮人の政治指導者を新たな統治者として担ぎ出す方向へと占領政策を変更した。

そして、長年アメリカで亡命生活を送っていた一人の親米派朝鮮人が、東京でマッカーサーの承認を得た後、十月十六日に米軍の軍用機でソウルの空港に送り込まれた。

後に韓国の初代大統領となる李承晩《イスンマン》である。

東西冷戦の本格化と韓国および北朝鮮の建国

アメリカの代理人・李承晩とソ連の代理人・金日成

アメリカの軍政当局から「ミスター・ブラック」という偽名を与えられて帰国した李承晩は、学生時代から政治運動（日本併合前の大韓帝国初代皇帝・高宗の退位要求）に身を投じて投獄された経歴を持つ人物だった。

釈放後は渡米し、ジョージ・ワシントン大学、ハーバード大学、プリンストン大学などの名門大学で次々と学位を取得した。

自らを「朝鮮の李王朝の創始者・李成桂《イソンゲ》の末裔」と名乗る李承晩は、英語での弁舌に長けていたことから、朝鮮問題に関する講演などを自己宣伝を兼ねて行うようになり、こうした部外活動で学費を稼ぎながら、米国内での交友関係を拡げていった。

前記した三・一運動が日本の軍と官憲に弾圧されたあと、上海で「大韓民国臨時政府」と称する朝鮮人の政治団体が樹立されると、李承晩は一九一九年から一九二五年まで初代「大統領」職を務めたが、この団体の実質的な政治力は皆無だった。

在外朝鮮人による政治組織の大韓民国臨時政府は、中国領内で何度か移転を重ね、重慶に拠点を移した一九四〇年からは、民族運動の大物指導者・金九《キムグ》が「大統領」職を務め、蔣介石の中国国民党やアメリカの特務機関ＯＳＳ（戦略事務局）の援助で「韓国光復軍」という小規模な軍事組織も編成していた。

しかし、中国国民党政府も米政府も、この「臨時政府」を朝鮮の正統な亡命政府として承認することは見送り続け、「韓国光復軍」の兵士たちも日本降伏による朝鮮への帰国の前に、米軍と中国軍によって全員が武装解除されていた。

一九四一年十二月に日米が開戦すると、反日活動家を自称する李承晩の言説は、アメリカの海外宣伝放送「ボイス・オブ・アメリカ（ＶＯＡ）」にも取り上げられ、一九四三年頃からは米国務省の上層部も彼の意見に耳を傾けるようになり始めた。そして、日本が降伏して極東地域におけるアメリカの関心が日本からソ連に移行するにつれて、強靭な反共思想の持ち主である李承晩の存在感は、米国内でますます強まっていった。

大韓民国の初代大統領となった李承晩。

朝鮮南部の統治という予想外の難題を抱え込んだ米政府にとって、朝鮮周辺部における共産

1945年10月14日の「金日成将軍歓迎集会」における金日成（金成柱。左から２人目）。

主義勢力の内情についても独自の情報源から詳しい情報を得ていた李承晩は、米政府の代理人として朝鮮に送り込むには最適の人物だと思われたのである。

一方、李承晩に先んじてソ連統治下の朝鮮北部へ戻っていた金成柱は、李承晩が帰国する二日前の一九四五年十月十四日に開かれた「金日成将軍歓迎集会」で主賓として演説を行い、ソ連当局と朝鮮の民衆に自らの存在感を印象づけることに成功していた。

平壌近郊の農村で生まれ、満洲南部で育った金成柱は、十代の頃から共産主義者の武装集団で窃盗や殺人を行っていたといわれ、一八歳の時に「金一星（キム・イルソン）」という偽名を名乗り始めた。一九三一年（昭和六）に満洲事変が起こると、彼は「東北抗日連軍」という抗日勢力に加わって日本軍と戦ったが、一九四〇年十一月にソ連領内へと脱出し、そこで在ソ連の中国人義勇軍（一九四二年八月からは第88特別旅団）に編入された。

朝鮮半島に住む人々の間では、二十世紀初頭から「金日成（キム・イルソン）」という名の「抗日の英雄」についての伝説が語り継がれていたが、満洲の抗日勢力に属する何人かの朝鮮人は、この真偽不明の武勇伝にあやかって「金日成」を名乗り、各地で戦功を挙げた。その結果、朝鮮における「キム・イルソン伝説」はさらに膨らみ続け、一九四五年に日本が敗北した時にも、この伝説は人々の心に生き続けていた。

これに目をつけたソ連側は、金成柱を「伝説の英雄・金日成」に仕立て、その名声を利用して民衆の支持を集めるという策を考案し、十月十四日に平壌市内の公設運動場で、ソ連軍の歓迎式典を兼ねた「金日成将軍歓迎集会」を開催した。

会場に集まった人々は、金日成として紹介された金成柱の姿を見て、伝説の英雄があんなに若いはずはないと訝《いぶか》ったが、ソ連側が行った宣伝工作でこうした疑問は打ち消され、金成柱は「金日成」としての政治的地位を確立していった。

米ソの緊張増大と「トルーマン・ドクトリン」

北緯三八度線の北と南では、新体制の構築が着々と進んでいたが、一九四五年十二月二十八日、米英ソ三国の外相がモスクワで「朝鮮問題に関する決定」（通称モスクワ協定）と呼ばれる合意文書に調印すると、朝鮮半島の政情は一挙に不安定化した。

この協定によると、日本の植民地から解放された朝鮮はすぐには独立国へと移行せず、当面は米ソ英中の四か国による信託[*3]統治下に置かれた後、五年以内に統治権を朝鮮の臨時政府に移管すると定められていたからである。

朝鮮独立の先送りを意味する大国の信託統治案は、北緯三八度線の北と南の両方で、祖国の即時独立を望む朝鮮民衆の間に強い反発を巻き起こした。

同じく信託統治案に激怒した曺晩植は、一九四六年一月二日にソ連および金日成との訣別を宣言し、南部でも李承晩や金九などの民族主義者が反対論を展開した。信託統治反対（反託）論への民衆の支持が増大するにつれて、反託論の急先鋒に立つ李承晩の人気も鰻登りに上昇していった。

そして、一九四六年六月に、李承晩が北緯三八度線の南側だけで単独の親米政権を樹立して独立する構想をアメリカ側に伝えると、アメリカは信託統治案よりも自国の利益にかなうと考え、朝鮮南部を親米国として独立させる方向へと政策をシフトしていった。

この動きを見たスターリンは、反共主義者の李承晩に対抗する親ソ政権を早急に朝鮮北部で打ち立てる必要があると考え、金日成をそのトップに据える計略を進めさせた。

一九四六年八月二十八日、北部の共産主義勢力を統合した新たな親ソ派政党「北朝鮮労働党」の結党大会が平壌で開催され、金日成が初代委員長に指名された。

一方、朝鮮の南北に登場した将来の指導者が、それぞれの地歩を固めている間にも、米ソ両国の関係は、完全な冷却化の様相を呈し始めていた（第二章を参照）。

第二次世界大戦の終戦から約半年が経過した一九四六年二月九日、ソ連の最高指導者スターリンが「世界経済が現在の資本主義的発展に依存している状況では、恒久的な平和など不可能である」とする演説を行うと、トルーマンはこの発言を第三次世界大戦に向けた布石と見なして、対ソ政策の全面的な再構築に取りかかった。

そして、翌一九四七年三月十二日、米下院議会の演壇に立った彼は、後に「トルーマン・ドクトリン」と呼ばれることになるアメリカの新たな世界戦略——共産主義勢力の封じ込め戦略——を、内外に向けて宣言した。

「世界のいかなる地域であれ、また直接・間接を問わず、平和を脅かす侵略行為が発生した場合、我々はこれを合衆国の国家安全保障に関わる重大問題として対処する」

＊3　信託統治＝統治形態の一つで、自立能力が十分ではない非自治地域を、国連の監督の下で信託された国家（施政権者）が統治することをいう。施政権者は信託統治することになった地域の司法・行政・立法の権限を持ち、住民の社会的・政治的・教育的な発展を促進させることを目的とする。ちなみに、歴史上「委任統治」という制度もあるが、これは第一次世界大戦後、敗戦国の植民地などに対して国際連盟が特定の国に統治を委任したものをいう。

朝鮮半島を二分して誕生した韓国と北朝鮮

この「封じ込め戦略」の宣言により、第二次世界大戦中の米ソ両国間に存在した友好関係は完全に失われ、後に「東西冷戦」と呼ばれることになる地球規模での対立構造への転換が決定づけられた。

そして、アメリカとソ連の対立が深刻化するにつれて、一九四五年の「モスクワ協定」は有名無実の存在となり、トルーマンとスターリンは朝鮮の南北で、それぞれの思惑を反映した政治体制づくりを進めていったのである。

南北朝鮮をめぐる情勢が、統治者である米ソ両国の都合で分裂へと進みつつあることを危惧した国際連合（日本では「国連」と略されるが、より正確な訳語は「連合国」。第一章を参照）は、一九四七年十一月十四日、国連監視下での統一総選挙を朝鮮半島で実施すると決議した。だが、朝鮮北部で着々と共産主義政権樹立の準備を進めていたソ連側は、統一総選挙における自派陣営の敗北を恐れて、これを拒絶した。

そのため、南部のみでの総選挙が一九四八年五月十日に行われ、三か月後の八月十五日には、この選挙結果を正当性の根拠とする形で「大韓民国（韓国）」政府が樹立されて、李承晩が初代の大統領に就任した。

この選挙結果を見て、朝鮮北部が国際社会から取り残されることを危惧した金日成一派とソ連側は、同年九月三日にソ連の「スターリン憲法」[*4]をほぼ丸写しにした「朝鮮民主主義人民共和国憲法」を採択し、その六日後に慌ただしく「朝鮮民主主義人民共和国（北朝鮮）」政府の樹立を宣布した。

こうして、互いに相容れない二つの政権がソウルと平壌に誕生したことで、東西に分断されたドイツ（第二章を参照）と同様、東西冷戦の副産物としての朝鮮半島の分断は決定的となり、今日まで続く朝鮮半島での南北対立の時代が始まったのである。

＊4　スターリン憲法＝一九三六年に制定されたソ連の憲法。スターリンを起草委員長としてまとめられたため「スターリン憲法」とも呼ばれる。ソ連において社会主義の基礎が確立されたとして、それまでの制限選挙の撤廃と、普通直接選挙制の実施、国営企業やコルホーズ（集団農場）などの社会主義の経済機構、民族の平等や自治権などを（表向き）定めた。

北緯三八度線を越えて韓国に侵攻した北朝鮮軍

北朝鮮軍と韓国軍の兵力と装備

北朝鮮の独立宣言翌日の一九四八年九月十日、北朝鮮政府はソ連側の了解の下で「朝鮮半島全域からの米ソ両軍の撤退」を要求する決議案を発表し、朝鮮北部に駐留するソ連軍は約三〇〇〇人の軍事顧問（自らは戦闘に参加しないアドバイザー）を残して、同年十二月二十四日までに国外へと撤退した。

この決議が発表された当時、南北両朝鮮の軍事力は、圧倒的に北側が優勢な状況にあった。北朝鮮の国軍「朝鮮人民軍」は、金日成政権の樹立に先立つ一九四八年二月八日に建軍された当時はわずか六万人の兵力規模だったが、二年後の一九五〇年六月には地上部隊だけで一八万三〇〇〇人に膨れあがっており、戦闘機一〇〇機と戦闘爆撃機七〇機、戦車約二五〇両などの大量のソ連製兵器で武装していた。

また、計一〇個師団の歩兵部隊には、中国共産党の人民解放軍の一員として国民党（蔣介石政府）との戦い——国共内戦（後述）に参加した中国出身の朝鮮人兵士が多数編入されており、彼らの持つ豊富な実戦経験は、北朝鮮軍の戦闘力向上に大きな役割を果たしていた。

つまり、北朝鮮の軍事力は、ソ連から得た物的支援と中国から得た人的支援によって、建国直後の国家としては異例なほどに強化されていたのである。

一方の韓国軍（大韓民国国防軍）は、一九四八年八月に五個旅団（一個旅団の規模は師団の半分ないし三分の二程度）で建軍された後、一九五〇年六月には総兵力九万八〇〇〇人規模（歩兵八個師団を含む）へと増強されていたが、隊内には北朝鮮の思想に共鳴する共産主義シンパが少なからず含まれており、地上戦のカギを握る重要な兵器である戦車は一両も保有していなかった。

第二次世界大戦期の対独戦で大活躍したT－34／85型戦車などの重装備を、惜しげもなく北朝鮮軍に分け与えたソ連側とは対照的に、北朝鮮に対する先制攻撃を公然と吹聴する李承晩の態度に疑念を抱いたアメリカ側は、南側からの戦争挑発を恐れて、戦車や長距離砲、戦闘機などの攻撃的な重装備を韓国軍に与えようとしなかったからである。

このような状況下における米ソ両軍の同時撤退は、北朝鮮側を利する効果をもたらしたが、北朝鮮の国内に信頼できる情報源を持たないアメリカ側は、撤退するソ連側がT－34／85型戦車などの大量の近代兵器を北朝鮮に残していった事実を正確には掴んでおらず、北朝鮮が保有する戦車は旧日本軍のものが数両程度にすぎないと考えていた。

つまり、米政府と軍の首脳部は、米ソ両軍の同時撤退が朝鮮半島の軍事力バランスを大きく崩す結果になることを、全く予見していなかったのである。

一九四九年七月一日、韓国に駐留していた米軍が半島からの撤退を完了し、彼らが去った後には、四八二人の米軍事顧問団（ＫＭＡＧ）と、士気と装備の両面で劣る弱体な韓国軍のみが残された。だが、朝鮮半島からの米ソ両軍の撤退とタイミングを合わせるかのようにして、韓国国内の政治情勢もまた、不穏な方向へと大きく傾きつつあった。

一九四八年八月の建国からしばらくの間、韓国の民衆は初代大統領の李承晩に対し、祖国再興の大きな期待を託してその動向を見守っていた。しかし、大統領が政権掌握と同時に強権を発動して事実上の独裁体制を敷き、政敵の抹殺と反対勢力の弾圧に力を注ぐようになると、李承晩の圧制に対する抵抗運動が韓国各地で活発化した。

一九四九年六月二十六日には、民族運動の有力指導者で李承晩の最大のライバルだった金九が拳銃で暗殺される事件が発生したが、実行犯の安斗熙《アンドゥヒ》陸軍少尉は、李承晩の部下による指示で行ったと後に証言した。

建国から一九四九年末までの一年半に「国家への反逆」の罪状で逮捕された朝鮮人は、延べ人数で約四八万人に達し、誕生間もない韓国の治安は瞬く間に悪化していった。

金日成の開戦決意とスターリン、毛沢東の承認

韓国の政情不安が深刻化の一途をたどっているのを見た金日成は、今なら韓国への武力侵攻

を実施しても民衆の支持を得られると考え、一九四九年三月三日に自らモスクワを訪れて、事実上の「保護国」であるソ連の最高指導者スターリンにお伺いを立てた。

「南朝鮮では、人民革命の気運が充分に熟しています。大きく膨らんだ風船は、ほんの一刺しで破裂するでしょう。我々が南下すれば、南朝鮮人民は呼応して決起し、米軍は一人残らず出て行かなくてはならなくなります」

これに対し、スターリンは「絶対的な軍事的優位を確保するまでは、冒険的な攻撃は行うべきではない」として、この時点では韓国への攻撃許可を与えなかった。

もし北朝鮮が現状のまま韓国に侵攻すれば、アメリカが即座に韓国側に立って介入する可能性が高いと考えられたが、第二次世界大戦期の対独戦で国内に甚大な被害を受けていたソ連は、いまだ経済復興の途上にあり、核保有国アメリカとの軍事衝突に対応できる余力を保持していなかったからである。

ところが、それから一〇か月が経過した一九五〇年一月十二日、金日成の思惑に対して強い追い風となる出来事が発生する。アメリカの国務長官ディーン・アチソンが、東アジアにおける米軍の戦略防衛構想には韓国の防衛は含まれていないとの声明を発表したのである。

アチソン国務長官の演説によると、アメリカの世界戦略上の「最終防衛線[*5]」はアラスカ沖の

＊5　最終防衛線＝ディーン・アチソンの名を取って「アチソン・ライン」ともいう。

アリューシャン列島から日本列島、沖縄諸島、フィリピン諸島の各陸地を結ぶライン上に設定され、この防衛線の維持については「米軍が直接的な責任を負う」一方、この防衛線より西側の地域（韓国および台湾）が敵対勢力からの攻撃を受けた場合には「まず当該国の国民が自らの力で抵抗し、次に国連憲章に定められた外国からの支援により解決すべきである」との認識が示されていた。

アメリカの「最終防衛線」から外された韓国では、この声明が発表されるとすぐに大きな動揺が沸き起こり、米政府は彼らの不安を沈静化するため、一月二十九日に李政権との間で「米韓相互援助協定」を締結した。だが、アメリカから韓国への物資援助を主眼としたこの協定には防衛上の規定は全く含まれておらず、トルーマン大統領もアチソンの声明内容を否定しようとはしなかった。

この一連の動きを分析した金日成は、これを「朝鮮半島における動乱に米軍は関与しない」との政治的シグナルであると解釈し、南侵作戦の開始を許可してくれるよう、再びスターリンに請願した。

一九五〇年四月下旬、クレムリンを再訪した金日成が「米軍は介入する意志がない模様です し、侵攻と同時に韓国内の労働党員（親北朝鮮派）二〇万人が呼応して蜂起する予定なので勝利は確実です」と力説すると、スターリンはついに「中国の最高指導者・毛沢東が同意するなら」との条件付きで、彼の南侵計画に承認を与えた。

中国では、一九四六年から四九年にかけて行われた国共内戦（蔣介石の国民党と毛沢東の共産党による中国全土を舞台とした内戦）で共産党が勝利し、毛沢東は一九四九年十月一日に北京で「中華人民共和国」の成立を宣言していた。

北朝鮮に帰国後、五月中旬に北京入りした金日成は、韓国に対する短期間での勝利を中国政府の首脳部にも確約した。毛沢東は、彼の言葉を信じて南侵に同意した。

これにより、全ての足枷は外され、金日成は宿願である「朝鮮半島の統一」に向けた実力行使を決断したのである。

朝鮮戦争の勃発と韓国の首都ソウルの陥落

北朝鮮軍による韓国侵攻の最終的な作戦計画は、ソ連側から軍事顧問として平壌に派遣されていたヴァシリエフ中将の助言を受けながら一九五〇年五月中旬頃に作成され、同月下旬に金日成の裁可を受けた後、正式な計画として実行に移された。

その作戦の骨子は、将校の多くがソ連式の訓練を受けた最精鋭の二個師団（第3、第4）とT—34／85型戦車を装備した第１０５戦車旅団を含む北朝鮮軍第1軍団（金雄《キムウン》中将）の四個師団でソウル方面へと集中的な攻勢を行い、首都奪回に向けて各地から結集するであろう韓国軍の主力をソウル周辺に誘引した後、東部の第2軍団（金光侠《キムグァンヒョップ》中将）に所属する第2師団をソウル南方の水原《スウォン》に進出させて、敵主力を包囲・殲滅しようというものだった。

ヴァシリエフらソ連側の軍事顧問たちは、必要な物資や兵員を増強するために、開戦時期を七月まで遅らせるよう提案したが、金日成は「七月に入ると梅雨で地面がぬかるみ、迅速な進撃は望めない」としてこれを拒絶し、六月下旬の開戦に向けた兵力展開を、軍事演習という名目で偽装しながら、北緯三八度線の北側で着々と進めていった。

一九五〇年六月二十五日の午前四時、北朝鮮軍の歩兵七個師団と戦車一個旅団（三個連隊）が北緯三八度線を越えて、韓国領内への全面的な侵攻を開始した。

約三年間にわたる「朝鮮戦争」の始まりである。

完全な奇襲攻撃を受けて、大混乱に陥った境界線付近の韓国軍は、北朝鮮軍の強力な火力の前に次々と退却し、開戦四日目の六月二十八日には韓国の首都ソウルが北朝鮮軍の手に落ちた。混乱の中で首都を追われた李承晩政権は、ソウル南方約四〇キロの水原に疎開して抗戦を指導しようとしたが、有効な対戦車兵器を持たない韓国軍は、ソ連製のT－34戦車に支援された北朝鮮軍の猛攻に太刀打ちできず、一方的な後退を重ねていった。

北朝鮮政府は、ソウル陥落と同時に「北緯三八度の分割線はもはや存在しない」との宣言を行う一方、北朝鮮に好意的な南朝鮮労働党の各支部による一斉蜂起を待つために第1軍団の進撃を停止させた。この漢江《ハンガン》正面での進撃停止には、左翼からの大包囲作戦を行う前段階としての、敵大兵力のソウルへの誘引という作戦的意図も込められていた。

ところが、それから三日が経過しても、北朝鮮側が期待した労働党員の一斉蜂起が韓国で発生する兆候は見られなかった。また、左翼から進出するはずの北朝鮮軍第2師団（李《リ》青松《チョンソン》少将）は、韓国軍第6師団（金鍾《キムジョン》五《オ》大佐）が守るソウル北東の春川《チュンチョン》攻略に苦戦し、予定していたソウル南方の水原への迅速な進撃を行えずにいた。

結局、北朝鮮軍のソウル正面での三日間にわたる進撃停止は、各地で退却を続ける韓国軍の各部隊に、混乱から立ち直る暇を与えただけに終わった。北朝鮮第2軍団長の金光侠と第2師団長の李青松は、春川の早期攻略に失敗した責任を問われて更迭された。

しかも、金日成の誤算はそれだけではなかった。彼らが「介入しない」と見込んでいたアメリカが、開戦からわずか三日目の六月二十七日に韓国への全面支援の姿勢を打ち出し、正規軍を朝鮮半島に派兵する準備を開始したのである。

国連安保理決議に基づくアメリカの軍事介入

朝鮮半島に戻ってきた米軍の戦闘部隊

トルーマン政権と米軍首脳部は、東西冷戦の構図における地球規模での対ソ戦略を重視する一方で、北朝鮮軍の戦争遂行能力を過小評価していた。しかし、北朝鮮軍が韓国への攻撃を開始した以上、米政府がとるべき道は、韓国側に立っての全面介入しか残されていなかった。

ここでもし、米政府が韓国の陥落をみすみす放置するような態度をとれば、ソ連側はこれを「アメリカ側の戦略防衛構想の後退」と理解して、ヨーロッパ正面や中近東のイランなどで積極的な拡張政策に打って出る可能性が高いと考えられたからである。その場合、東西冷戦というパワーゲームのバランスは、ソ連側に傾くことになる。

また、ソ連側が朝鮮半島の南部に空軍や海軍の基地を獲得した場合、極東におけるアメリカの「最終防衛線」の中核を成す日本列島の防衛は、きわめて困難な状況に陥ることが確実だった。

それを回避するためには、一刻も早く正規軍を朝鮮半島に送り込み、「アメリカは韓国を放棄しない」との強い意思表示をソ連に対して行う必要があった。

こうした理由から、トルーマンは現地時間の六月二十七日午前一〇時（米東部時間二十六日午後九時）、まず空軍と海軍に、韓国軍への直接支援の開始を命令し、日本に駐留していた第5空軍所属の戦闘機はその日のうちに、北朝鮮軍に対する攻撃を開始した。

続いて、六月二十九日にソウル付近の漢江南岸で、現地の状況を丸一日かけて視察したマッカーサーからの報告に基づき、陸上部隊の韓国への派遣が三十日に決定され、第一陣となる第24歩兵師団の先遣隊は、翌七月一日に日本の駐屯地を出発した。

しかし、朝鮮戦争が勃発した一九五〇年六月の時点で、米陸軍は五九万人（第二次世界大戦終結時の約一四分の一）の兵員を擁していたが、朝鮮半島に近い日本に配備されていたのは、ウォルトン・ウォーカー中将率いる第8軍の四個師団（第7、第24、第25歩兵師団と第1騎兵師団）のみで、日本の防衛力を維持したまま韓国に大兵力を割くことは難しかった。

この危機に対処するため、米政府は「国連主導の総選挙で誕生した新国家」という韓国特有の事情を最大限に活用し、国連加盟国全体を韓国の味方に引き入れるという、戦略的に大きな意味を持つ政治工作を、国連という「もう一つの戦場」で開始した。

国連安保理決議に基づく「国連軍」の創設

当時ニューヨーク郊外のレイクサクセスに置かれていた国連安全保障理事会（安保理）本部

に、北朝鮮軍による韓国侵攻の第一報が入ったのは、開戦から約八時間が経過した六月二十四日の午後一一時三〇分（米東部時間）のことだった。

国連のトリグブ・リー事務総長は「これは明らかな国連憲章の違反だ」と述べ、すぐに安保理を召集した。

翌二十五日の午後二時、朝鮮問題を討議するための緊急安保理が開かれ、午後五時三〇分にはアメリカから提出された最初の決議案が、部分的な修正を経て採択された。

第一の決議案が採択された後、北朝鮮の軍事行動が一向に停止しないのを見たアメリカは、六月二十七日に開催された安保理の席上、国連加盟国から韓国に対して軍事的な援助努力を行うべきとの決議案を提出した。この第二の決議案も、賛成多数で採択され、さらに七月七日の午後三時に開かれた安保理では、韓国に対する北朝鮮の侵攻を撃退するための合同軍を「国連軍」の名目で派遣することが決定された。

七月三日の時点で、韓国への軍事支援に賛成していた国連加盟国の数は、全五九か国中四一か国（約七〇パーセント）に達しており、そのうちアメリカとイギリス、オーストラリア、ニュージーランド、オランダの五か国は自国軍隊の派遣を申し出ていた。

七月七日の決議案に従い、国連安保理は国連軍の総司令官を任命するようアメリカに要請し、トルーマンは連合軍最高司令官マッカーサー元帥に、「国連軍総司令官」を兼任させる決定を下した。

これにより、国連安保理を舞台に繰り広げられたアメリカの政治工作は、ほぼ完全な成功を収め、国際社会における朝鮮戦争の定義は「北朝鮮による韓国への侵略」という明確な図式に集約されることとなった。軍事的には圧倒的に不利な立場に置かれていた韓国だが、政治面では逆に、北朝鮮に対して圧倒的に有利な立場に立ったのである。

一方、非難の矢面に立たされた北朝鮮側は、自国の韓国攻撃を支援しているはずのソ連が、国連の場で全く対抗措置をとろうとしないことに失望をつのらせた。

第二次世界大戦の五大戦勝国に名を連ねるソ連は、国連安保理の常任理事国として拒否権を行使できる立場にあり、もしソ連がそのような行動に出ていれば、国連軍の創設という重大な結果を引き起こすこともなかったはずだと思われたからである。

ところが、北朝鮮にとって不運なことに、朝鮮戦争が勃発した一九五〇年六月当時、ソ連政府は国連安保理に対して、重要な政治闘争を展開している真っ最中だった。

国共内戦における共産主義勢力の勝利により、広大な中国本土の支配者が国民党から共産党へと移っていたにもかかわらず、国連安保理の常任理事国である「中国」の席は、依然として蔣介石率いる国民党政府（台湾）に与えられていた。

そのため、ソ連は常任理事国の中国議席を、台湾の国民党政府から北京の共産党政府に引き渡すよう国連に要求し、これが受け入れられないと知ると、一九五〇年一月十三日の安保理を最後に自国の代表団を議場から引き上げさせ、それ以後は国連安保理における審議への参加を完全にボイコットし続けていた。

このようなソ連側の戦術は、結果的に北朝鮮の政治的立場を窮地に追いやることとなったが、それでも彼らは、安保理に復帰して拒否権を行使することよりも、中国の共産党政権との関係を重視する道を選んだ。

もしソ連の代表団が国連安保理に復帰して、国民党の代表者を含む各国代表団との話し合いに参加したなら、形式上ソ連政府が国民党を「中国の代表者として認めた」こととなり、北京の共産党政権の面目は丸つぶれとなるばかりか、ソ連と中国の関係にも大きなヒビが入ると思われたからである。

また、ソ連側から見れば、朝鮮での戦争に介入する米軍が「国連軍」の名目で作戦を行うことには、好都合な側面もあった。

アメリカが単独で韓国側に立って参戦した場合、ソ連側もまた、東西冷戦の対立構造における「東側の盟主」との立場から、北朝鮮側で参戦する必要に迫られることになるが、東西冷戦とは別の次元における独立した「局地戦争」という位置づけであれば、そこにソ連が介入する必然性は薄らぐことになるからである。

いずれにせよ、国連軍の創設と、マッカーサーの国連軍司令官就任により、朝鮮戦争は新たな局面へと入った。

北朝鮮と韓国による事実上の内戦から、国連加盟国の信任を受けたアメリカと北朝鮮による、韓国の支配権をめぐる局地戦争へと発展したのである。

釜山円形陣での防衛作戦

七月一日、米陸軍第24歩兵師団第21歩兵連隊の先遣隊が韓国南部の釜山港に上陸し、朝鮮戦争に対するアメリカの本格介入がスタートした。

この日以降、日本に駐留する米陸軍部隊は海路と空路で少しずつ兵力を朝鮮半島に送り込んだが、北朝鮮軍の進撃は一向に衰えることなく、戦線は南へと押し下げられた。

七月五日の朝八時過ぎ頃、ソウル南方約三五キロの烏山《オサン》で、米軍（第21歩兵連隊第1大隊を基幹とするスミス支隊、指揮官はスミス中佐）と北朝鮮軍（李権武《リグォンム》少将の第4師団）による初めての地上戦が発生した。アメリカ側は、第二次世界大戦期に活躍した七五ミリ無反動砲や一〇五ミリ榴弾砲、二・三六インチの携帯用ロケット発射機（バズーカ）を高地に配備して、北朝鮮軍の進撃をそこで食い止めようと試みた。

しかし、北朝鮮軍の装備するソ連製T－34／85型戦車は、米軍の射撃を受けてもほとんど損害を被ることなく、わずか半日で烏山の防衛線を突破することに成功した。

緒戦における予想外の惨敗を知ったマッカーサーと米軍の首脳部は、北朝鮮軍の戦闘能力に対する認識を改め、より破壊力の大きな三・五インチの新型バズーカを七月十日に前線部隊へと配備させるのと同時に、現地での陸上部隊の兵力集中を急がせた。

だが、七月二十日に烏山から七五キロ南の大田《テジョン》で発生した戦いでは、またしても部隊間の連携ミスによって米軍は大敗を喫し、第24歩兵師団の師団長ディーン少将は、山中を脱出する過程で北朝鮮軍に捕らえられて捕虜となってしまう。米軍の第一陣として朝鮮に送られた同師団は、大田の陥落までに七〇〇〇人の兵員と装備の六割を喪失していた。

韓国中部の重要都市である大田が陥落したことで、国連軍の韓国防衛計画は窮地に陥った。七月十三日以降、大邱《テグ》に司令部を置いて現地の陸軍部隊を指揮していた米第8軍の司令官ウォーカー中将は、八月一日、釜山を中心とする半径約八〇キロの扇形防衛陣を形成し、そこに米陸軍の増援部隊と韓国軍の残存兵力を後退させるよう命令を下した。

李承晩は七月十四日、マッカーサーに「韓国軍も国連軍の指揮下に入れる」ことを要請する書簡を送付しており、この時までに韓国軍も国連軍に編入されていた。

八月初めの段階における北朝鮮軍の兵力は、連日の激戦による消耗で開戦時の半数近い約七万人ほどに低下していたが、一方の国連軍は米軍が約五万五〇〇〇人と韓国軍が約七万人の計十二万五〇〇〇人程度に増強されており、彼らが釜山の防衛線を死守することは充分可能であると思われた。

しかし、釜山周辺の「円陣」と呼ばれた領域を死守するだけでは、戦争における勝利などは望むべくもなかった。もし現状のままで停戦が成立することになれば、韓国という国家の存続はもはや不可能となり、韓国の独立回復を目指して合同軍を創設した国連の権威は、地に墜ちてしまうことになる。

そうした結末を回避し、国連軍に不利な方向へと一方的に進展している戦局の流れを逆転させるには、北朝鮮軍に対して物理的・精神的な打撃を与えられるような一大反攻作戦を行うことが不可欠だった。

このような構想に基づき、マッカーサーは釜山防衛線の強化と並行して、海からの強襲上陸による戦略的反攻作戦の計画を立案し、秘密裡にその準備を進めさせた。

朝鮮半島のほぼ中心部の西側に位置する港湾都市・仁川に海兵隊を上陸させ、釜山防衛線への攻撃を続けている北朝鮮軍の後方補給路を一気に断ち切ろうと考えたのである。

国連軍の仁川上陸作戦と北朝鮮軍の敗走

マッカーサーの起死回生の反攻作戦

朝鮮半島の一大交通要衝でもあるソウルから、わずか二五キロしか離れていない仁川に部隊を上陸させて新たな橋頭堡を築き[*6]、敵の背後を遮断するという大胆な構想が最初に発案されたのは、烏山攻防戦から間もない七月十日のことだった。

「ブルーハート計画」と呼ばれる最初の計画案では、米第1騎兵師団が上陸兵力として想定されたが、韓国本土での戦局の悪化に伴って通常の増援部隊として前線に投入されたため、仁川への上陸計画は一時的に棚上げされた。日本駐留の全部隊が韓国に派遣された状況では、他地域での上陸作戦に使える部隊は残されていなかったからである。

その後、米本土からの増援兵力が八月前半に相次いで到着することが決まると、仁川上陸計画は再び見直され、マッカーサーは八月十二日、仁川上陸の新たな作戦計画案「クロマイト（クロム鉄鉱）100B号計画」を策定した。

しかし、米軍の統合参謀本部や海軍、海兵隊などの首脳部は、マッカーサーの構想に強く反対した。干満の水位差が激しく、沿岸部のほとんどが高い防潮堤に覆われている仁川一帯の地形は、上陸作戦に適した要素を何一つ備えておらず、上陸部隊に指定された米海兵隊の第1海兵師団は大きな困難に直面するものと予想されたからである。

こうした反対論に対し、マッカーサーは「上陸が困難な地形であればこそ、敵の防備も手薄なはずだ」として譲らず、仁川上陸作戦に付随したソウル攻略の持つ戦略的効果を強調して、上層部を説得した。米軍上層部での数度にわたる激論の末、ついにマッカーサーの作戦案が了承され、米軍の統合参謀本部は八月二十八日に仁川上陸作戦を正式に認可し、作戦決行日は九月十五日と定められた。

仁川上陸作戦の主力となるのは、アーモンド少将を指揮官とする第10軍団（米第1海兵師団、第7歩兵師団、韓国軍第17歩兵連隊、同第1海兵連隊）の陸上部隊だったが、難易度の高いこの上陸作戦を支援するために、米海軍と韓国軍に加えてイギリス、フランス、カナダ、オーストラリア、ニュージーランド、オランダからも軍艦が参加し、上陸作戦に従事する国連軍の艦船数は約二六〇隻に達していた。

日本の港湾などで活動する諜報員からの情報と、中国の毛沢東と周恩来《しゅうおんらい》からの警告で、国連軍が密かに上陸反攻作戦を準備していることを察知した北朝鮮側は、敵の反攻が開始される前に釜山防衛線を崩壊させようと考え、八月から九月にかけて数次にわたり総攻撃を敢行した。だが、米空軍による空からの爆撃と、朝鮮近海を完全に制圧した米海軍による艦砲射撃が降り注ぐ中では、北朝鮮軍の攻撃部隊も緒戦のような勢いで攻撃を継続することは不可能だった。

また、八月に入ってからは、米空軍のB—29戦略爆撃機が北朝鮮領内に対して大規模な爆撃を開始しており、各種の工業施設や鉄道線、橋梁などを次々と破壊された北朝鮮側は、釜山方

＊6　**橋頭堡**＝軍事用語。厳密には、河川において対岸の渡河点などに作られる強固な拠点のこと。一方、上陸作戦において海岸や海浜に作られるものは「海岸堡」という。ただし広い意味では、おおむね作戦などを行う上での足場になる拠点のことであり、この場合は河川でも海岸でも「橋頭堡」といっても差し支えない。「この新製品は、新しい市場に食い込むための橋頭堡になりうる」というように、一般用語としても使われている。

仁川に続々と揚陸される国連軍の主力部隊。仁川上陸作戦は、朝鮮戦争前半における大きな転換点となった。

面に対する補給物資の輸送を充分に行えない状況に追い込まれていった。

北朝鮮軍は苦肉の策として、韓国国内の占領地で新たに徴用した大勢の人員を、補充兵として自軍の前線部隊に送り込み、釜山防衛線に対する総攻撃に投入した。しかし結局、北朝鮮軍の猛攻も、二倍近い兵力が守る頑強な釜山防衛線を突き崩すことはできず、貴重な兵力を無為に消耗するだけの結果に終わったのである。

仁川上陸作戦の成功とソウル奪回

一九五〇年九月十五日の午前五時、凄まじい艦砲射撃と共に仁川への上陸作戦――「クロマイト作戦」が開始された。

作戦初日は、まず朝の満潮で仁川の西にある月尾島《ウォルミド》に先遣隊を上陸させて占領し、夜の満潮で仁川へと本隊を上陸させる手はずとなっていた。

午前六時三一分、米第1海兵師団第5海兵連隊第3大隊が、月尾島への上陸を開始した。北朝鮮兵が配置された月尾島の砲台陣地群は、九月十日以来の国連軍による爆撃と砲撃ですでに大きな損害を被っており、上陸した米海兵隊は散発的な抵抗に遭遇しただけで、午前七時五〇分頃までに島内を支配下に置いた。第3大隊の損害は、負傷者一七人だった。

続いて、午後二時三〇分から仁川一帯に対する艦砲射撃が始まり、午後四時四五分にはロケット砲艦が海兵隊の上陸地点周辺に大量のロケット弾を撃ち込んだ。

午後五時三三分、夜の満潮に合わせて米第5海兵連隊の本隊と韓国軍第1海兵連隊が仁川の北部に上陸し、米第1海兵連隊も仁川南方へと上陸した。沿岸のほとんどに高い防潮堤が築かれているため、上陸した兵士は梯子を使って高い岸壁をよじ登らねばならなかったが、北朝鮮軍の抵抗は長続きせず、米第1海兵師団は二〇人の戦死者と約一八〇人の負傷者を出しながらも、上陸初日に海岸堡を築くことに成功した。

国連軍は、翌十六日から本格的にソウル方面への進撃を開始し、九月十八日にソウル西方の金浦《キンポ》飛行場（現・金浦国際空港）を占領し、九月二十八日には熾烈な市街戦の後に、韓国の首都ソウルを北朝鮮軍の手から奪い返した。

九月二十九日、ソウルの議事堂に再び韓国の国旗（太極旗）が掲揚され、マッカーサーと李承晩、韓国と諸外国の政府高官が列席して、ソウル解放式典が執り行われた。

一方、釜山橋頭堡（釜山円形陣）の正面では、第10軍団による仁川への上陸と呼応して、九月十六日にウォーカー中将の米第8軍による大反攻作戦が開始された。連日の激戦で疲弊していた北朝鮮軍は、数日のうちに態勢を乱して各地で退却を開始したが、北朝鮮本国へと向かう部隊の流れは、やがて全面的な敗走へと変わっていった。

要衝ソウルに出現した第10軍団と、釜山橋頭堡から出撃した第8軍に挟まれる形となった北朝鮮軍の主力は、敗走の途上で部隊組織を維持することができなくなり、少なくとも二万人近い兵力が北緯三八度線まで帰り着くことができずに、分散したゲリラ・グループとして韓国領内の山中で抵抗を継続する道を選んだ。

マッカーサー自身が「成功率は五〇〇〇分の一」と評した賭けは的中し、朝鮮戦争における戦略的な流れは、完全に国連軍の圧倒的優位へと傾いたのである。

北朝鮮領内に逆侵攻した米韓両軍

九月下旬に入り、北緯三八度線以南における北朝鮮軍の掃討作戦がほぼ完了すると、国連軍の司令部は新たな決断を迫られることとなった。

前線部隊に、北緯三八度線を越えて北上させるか否かという問題である。

一連の国連安保理決議の文面に従えば、国連軍は「韓国の独立」が回復された段階、つまり北緯三八度線以南の地域が北朝鮮軍の支配から解放された時点で、作戦を停止しなくてはならないはずだった。しかし、米軍や米政府の一部では、北朝鮮軍の戦闘能力を奪わないうちに停戦すれば、彼らは近い将来に再び韓国への武力侵攻を開始するだろうとの見方が根強く信じられていた。

そのため、国連軍総司令官マッカーサーは九月三十日、ホワイトハウスに宛てて、進撃の継続を意味する次のような進言を行った。

「まず北朝鮮軍に対して降伏勧告を行い、北朝鮮がこれに応じなかった場合は(北朝鮮を含む)朝鮮半島に存在する全ての敵を撃滅するよう、部下に命令します」

トルーマン大統領は、戦争の規模拡大を危惧しつつも、このマッカーサーの進言を受け入れ、国連軍は北朝鮮領内に対する新たな攻勢の準備にとりかかった。

十月一日の正午、マッカーサーは北朝鮮に降伏を呼びかける声明をラジオで放送し、その内容を記した二五〇万枚の宣伝ビラが空中から散布された。だが、この降伏勧告に対する反応は、米政府が予想もしなかった方向から届けられた。

中国共産党政府の周恩来首相が、同日中に次のような声明を発表したのである。

「中国人民は、平和を愛するが、平和を守るためならば侵略者と戦うことも厭わない。中国人民は、帝国主義者が隣人の領土に侵入するのを傍観しないだろう」

マッカーサーと米政府、国連軍首脳部が予想した通り、北朝鮮政府はこの勧告を黙殺したため、国連軍は十月六日に北緯三八度線を越えて北朝鮮の領内に進撃し、十月十二日には東部の元山を、十月十九日には韓国軍第1師団が平壌を占領した。このペースで作戦を継続すれば、十月中には中国と北朝鮮の国境を流れる鴨緑江《おうりょくこう》に、先頭の部隊が到達するものと思われた。

だが、平壌陥落から六日後の十月二十五日、北朝鮮領内で進撃を続けていた国連軍第1軍団の三個師団（米第1騎兵師団、韓国第1および第6歩兵師団）は、北朝鮮軍とは異なる大部隊の反撃に遭遇し、大きな損害を被って南へと退却することを余儀なくされた。

形式上「義勇兵」という体裁をとっていた中国人民解放軍の三個軍（第38、第39、第40）が、北朝鮮領内で最初の攻勢作戦を開始したのである。


この中華人民共和国の軍事介入によって、金日成と北朝鮮の政治体制は全面的な崩壊の危機から救われた。そして朝鮮戦争は混沌として予測のつかない、新たな段階へと移行することになったのである。

中国の朝鮮戦争介入に至る道

毛沢東の情勢認識と金日成の救援要請

後の展開から考えると意外にも思えるが、朝鮮戦争が勃発した一九五〇年六月の時点では、中国と北朝鮮の関係は、決して親密とは言えなかった。

北朝鮮の国軍である朝鮮人民軍の創設にあたり、中国政府は国共内戦（一九四六～四九年）で実戦経験を積んだ中国人民解放軍の三個師団（第164、第166、第20）に所属する朝鮮人の兵士が北朝鮮へと帰国することを許し、これらの兵士は朝鮮人民軍の第5、第6、第7師団に再編されて、韓国への侵攻作戦へと投入されていた。

毛沢東が中国人民解放軍所属の朝鮮人に北朝鮮への帰国を許した理由については、北朝鮮軍の韓国侵攻を支援する意図ではなく、国共内戦終結後の兵力削減や、北朝鮮の後見人であるソ連のスターリンへの配慮であったと見られている。

けれども、北朝鮮のトップである金日成は、自分をその地位につけてくれた後見人とも言えるソ連の最高指導者スターリンとは緊密な関係を保つ一方、毛沢東や周恩来などの中国政府要人との関係は、儀礼的なレベルに留めていた。

金日成は、ソ連を介在せずに独自ルートで中国と直接交渉すれば、スターリンの逆鱗に触れるのではないかと恐れたのである。

こうした事情から、北朝鮮政府と平壌の中国政府代表部の折衝を、ソ連大使館が仲介することもあった。また北朝鮮側は、自国に供与されるソ連製兵器の内容と数を中国側に知られないよう、中国領内を経由する陸路ではなく、日本海の海上ルートを使って搬入した。

北朝鮮の建国と同時にソ連大使館が平壌に開設され、T－34／85型戦車などの大量のソ連製兵器が朝鮮人民軍に供与された上、韓国侵攻の作戦計画も、前述したようにソ連人の軍事顧問によって立案されるなど、当時の北朝鮮はソ連の強い影響下にあったが、中国が平壌に大使館を開設したのは、朝鮮戦争が勃発した半月後の一九五〇年七月十日のことだった。

しかも、大使館職員のほとんどは軍の情報部員で占められており、朝鮮戦争における北朝鮮の政治情勢や各種の軍事情報の収集および分析が、彼等の主な任務だった。

毛沢東は、北朝鮮の始めた戦争にアメリカが介入した事実を重く見て、展開次第では中国東北部（旧満洲）の安全が米軍によって脅かされるかもしれないとの懸念から、七月七日に「東北辺防軍」と呼ばれる軍事組織の創設を決定した。

これは、第13集団軍の五個軍（第38、第39、第40、第42、第50）を基幹とする臨時編制の部隊（中国軍の「軍」は米軍の「軍団」にほぼ相当）で、当面の任務は中国と北朝鮮の国境を流れる鴨緑江北岸の防備だったが、朝鮮戦争の情勢変化により、義勇軍という形式で北朝鮮領内へと入ることも想定されていた。

朝鮮戦争の序盤が北朝鮮軍の優勢で進展し、釜山周辺の「円陣」で攻防戦が繰り広げられていた八月中旬には、第13集団軍の兵員数は約二六万人に増加していた。このまま釜山の国連軍部隊が撤退または降伏すれば、中国軍の出番は無くなるはずだったが、九月十五日の仁川上陸作戦を機に戦局の流れが一変し、北朝鮮軍の全面的敗走が始まると、米軍部隊の北朝鮮領内および鴨緑江への進撃という中国側が最も危惧した展開となった。

中国政府の視点から見れば、北朝鮮による韓国への侵攻作戦とは、半島の統一を目指す朝鮮人同士の戦いに過ぎず、積極的に支援せねばならない理由はどこにもなかった。しかし、米軍が北朝鮮の領土内へと進出する事態となれば、話は別だった。

中国にとっての北朝鮮とは、アメリカにとっての韓国と同様、敵対勢力である資本主義諸国と自国との間に存在する貴重な「緩衝地帯」だったからである。もし、米軍を主体とする国連軍が北朝鮮の全域を占領すれば、この「緩衝地帯」は失われ、鴨緑江の対岸に広がる中国東北部の工業地帯は、米空軍の直接的な脅威に晒されることになる。

十月一日に金日成からの軍事介入の要請を受け取った毛沢東は、同日から政府幹部を集めて対応策を協議し、自国の安全確保目的での介入に向けた議論を重ねていった。

朝鮮、台湾、ベトナムの三方向からの侵攻を恐れた中国

当時の中国政府は、北朝鮮領内を通過して鴨緑江に迫る米軍部隊の進撃を、朝鮮半島に限定された局地戦争ではなく、アメリカが中国に対して仕掛けている大規模な「戦略的包囲」の一

環と捉えて警戒した。

つまり、朝鮮半島と台湾海峡、ベトナムの三方向から、中国の共産主義体制打倒に向けて圧力をかける「三路向心迂回」戦略と理解していたのである。

ベトナムでは、ホー・チ・ミンを指導者とする共産党主体の独立派勢力「越南（ベトナム）独立同盟会」（越盟＝ベトミン）と、同地を植民地として支配してきた宗主国フランスの間で「インドシナ戦争」と呼ばれる戦いが一九四六年から続いており（第四章で後述）、一九四九年に国共内戦に勝利して中国本土の覇権を握った毛沢東は、すぐにベトミンに対する軍事援助を開始した。

だが、当時のフランスはアメリカの同盟国で、しかも国共内戦で敗退した中国国民党軍（国民革命軍）の一部は、ベトナムに逃れてフランスの保護を受けていた。

また、蔣介石を指導者とする中国国民党の残存勢力は、いったん台湾に逃れてそこに拠点を築き、大陸への捲土重来の機をうかがっていたが、蔣介石は朝鮮戦争の勃発と共にアメリカに接近し、国民党軍を国連軍に派遣するという提案を行っていた。

トルーマン米大統領も、朝鮮戦争が勃発する前月の一九五〇年五月一日、インドシナ戦争を念頭に「フランスへの援助を拒めば、東南アジア全域へと共産主義が拡大する」として、フランスに対する三〇〇〇万ドルの軍事援助と二三〇〇万ドルの経済援助を行うと発表し、翌六月にはアメリカの軍事顧問団が、ベトナム南部のサイゴンに到着した。

そして朝鮮戦争の勃発から二日後の六月二十七日には、トルーマンが「台湾を共産軍の脅威から守るために米第7艦隊を台湾海峡に展開する」と発表し、七月二十九日にはマッカーサーが自ら台湾に飛んで蔣介石と会談を行い、反共という共通の目的を持って東アジアの事態に対処する方針を確認した。

アメリカ側にとって、これらの対応は「朝鮮での戦争勃発を好機と見なして毛沢東が台湾やベトナムで冒険的な行動に出ることを阻止する」ための、いわば「牽制球」だった。だが、東西冷戦の構図で「東側」に立つ毛沢東ら中国共産党の首脳は、一連の行動を「中国の共産党政権を倒すというアメリカ側の意志の表れ」と理解し、危機感をつのらせていたのである。

約二週間にわたって諸々の事情を検討した後、中国の最高指導者・毛沢東は、三八度線を越境するのが韓国軍だけならば容認できるが、国連軍の名で米軍が北上することは中国の安全保障に対する深刻な脅威であると結論づけ、十月十八日に朝鮮戦争への介入を正式に決定した。

それと同時に、北朝鮮国内で徴集した約一〇万人の新兵を中国東北部へと受け入れ、彼らにソ連製の武器を分け与えて、各種の軍事訓練を施すよう命令を下した。

こうして、各大国の思惑と不信感が複雑に入り乱れる中、共産中国の朝鮮出兵という新たな要素が加わったことで、朝鮮戦争の様相は劇的に変化したのである。

鴨緑江を越えた「抗美援朝義勇軍」

北緯三八度戦を越えた韓国軍の部隊が、北朝鮮の臨時首都・平壌へと入城した一九五〇年十月十九日の夕刻頃、一二個歩兵師団と三個砲兵師団から成る最初の中国軍部隊が、中朝国境の鴨緑江を越えて秘密裡に朝鮮半島へと入った。[*7]

同月中に捕虜となった中国兵の供述には、十月十四日や十五日から北朝鮮領内に入ったという証言もあり、一部の部隊が先行して越境していた可能性もあるが、中国軍の師（師団）の人員規模は米軍師団の五〜七割程度で、その総兵力は約二六万人だった。

二日後の十月二十一日、朝鮮国内での作戦を指導する「中国人民義勇軍」司令部が、北朝鮮北部の大楡洞という金鉱に開設され、日中戦争でも活躍した中国人民解放軍の主要な将軍の一人である彭徳懐《ほうとくかい》が、総司令官として着任した。

十月二十四日の時点で、国連軍として朝鮮半島に展開する米軍と韓国軍の師団数は、それぞれ六個と八個で、そのうちの米軍二個師団と韓国軍三個師団は後方地域で治安警備に当たっており、別の米軍二個師団は船で移動中だった。従って、鴨緑江に近い最前線へと展開していたのは、米軍二個師団（第24歩兵、第1騎兵）と韓国軍五個師団（第1、第6、第7、第8、首都）だけだった。

翌十月二十五日、前線の韓国軍第1、第3、第6師団は、それぞれ小規模な交戦を行ったあと、北朝鮮兵とは異なる見慣れない軍服を着た捕虜を捕らえていた。

尋問したところ、彼らは全員中国語しか話せず、自分たちは中国から来た義勇兵だと名乗った。だが、報告を受けた国連軍の司令部は、捕虜の中国兵について「朝鮮戦争の勃発前に中国から帰国して北朝鮮軍に編入された、元中国軍の朝鮮人」と同様、北朝鮮のために自発的に戦う朝鮮系中国人の義勇兵だと考え、その数も数千人に留まるものと楽観視していた。

この日、最前線に近い一〇か所で山火事が発生し、炎上した針葉樹林から立ち上る濃い煙が、上空の雪雲と混じり合って視界を遮った。これにより、国連軍の航空機による偵察や地上支援は行えない状況となったが、山に火を放ったのは中国軍の兵士だった。

朝鮮半島は、北部で大陸と接続する部分の幅が東西に広くなっており、北上する国連軍の戦線は必然的に引き延ばされ、放射状に進む部隊間に間隙が生じる形となっていた。

韓国軍第6師団の第2連隊は、温井川に沿った谷を前進中の十月二十五日、前衛の第3大隊が小規模な中国軍と交戦し、損害を被っていた。同連隊長の金鳳喆《キムボンチョル》大佐は、すぐに防勢に転じて陣地を構築し、後続の増援部隊を待ったが、翌十月二十六日の午前三時頃に中国軍（第40軍）の大規模な攻撃が始まると、予期せぬ夜襲を受けた韓国兵はパニック状態に陥った。

暗闇の中、笛とチャルメラ（ラッパ）の不気味な音が鳴り響き、温井の集落を包囲する形で、

＊7　臨時首都・平壌＝一九四八年に北朝鮮で制定された「朝鮮民主主義人民共和国憲法」では、第一〇三条で首都をソウル市と定めていた。

国連安保理決議で国連軍が設立され増援部隊が送られ、米韓両軍は反撃を開始。中国・北朝鮮国境にまで進んだが、中国軍の介入により、再び戦線が後退することとなった。

あちこちの斜面から大量の手榴弾が投げ込まれた。夜が明けると韓国兵は陣地に入って迎え撃とうとしたが、圧倒的な数の中国兵に囲まれた状況で兵士の士気は下がり、やがて全面的な潰走が始まった。連隊の人員三一〇〇人のうち、九割に当たる二七〇〇人の韓国兵が、武器や装備を捨てて、後方の清川江《チョンチョンガン》の流域へと逃げ帰った。

一方、同じ第6師団の第7連隊（林富澤《イムプテク》大佐）は、単独で突出した形で北進を続け、十月二十六日に楚山《チョサン》という場所で鴨緑江に到達した。彼らはそこで、舟橋を使って対岸の中国領内に逃げる北朝鮮兵の姿を見たが、周囲の高地や町には敵部隊が配置されておらず、同連隊の韓国兵たちは、これで戦争は国連軍の勝利で終わったと考えて歓喜に沸いた。

だが、彼らは間もなく「第2連隊が壊滅したため、すぐに反転して主力に合流せよ」との師団本部からの命令を受け、怪訝《けげん》に思いながらも退却を準備した。

中国兵から成る「抗美援朝（美＝アメリカに抵抗し朝鮮を支援する）義勇軍」の登場により、朝鮮半島における、新たな「戦争」が始まったのである。

中国軍に大敗を喫した米軍と韓国軍

巧みな浸透戦術で国連軍を呑み込んだ中国兵

十月二十七日から二十八日にかけて、前線各地で規模不明の中国軍部隊が韓国軍と米軍の行く手に立ちはだかり、減少しつつあった国連軍の人的損害が再び増加に転じた。

そして十月二十九日、韓国軍第6師団の残る二個連隊（第7、第19）と同第8師団の第10連隊が、中国軍の包囲攻撃によって潰走させられ、韓国軍第2軍団が担っていた国連軍の戦線左翼が事実上崩壊した。

国連軍の上層部は、この期に及んでもまだ、毛沢東の中国がこの戦争に介入したとは考えていなかった（国連軍司令部が中国の本格的介入を認めたのは十一月七日）。ある米軍の参謀は戦後に当時を振り返って「中国軍が介入したという情報に懐疑的であったというより、むしろ『信じたくない』という傾向があった」と回想している。

十一月一日、国連軍の最左翼で中朝国境を目指して進撃していた米第24師団第21連隊第1大隊は、国境の新義州《シニジュ》まであと三〇キロの地点で停止命令を受けた。

温井南方の雲山《ウンサン》では、同地に展開していた米第1騎兵師団第8騎兵連隊第1大隊が、同日の

鴨緑江を渡河する抗美援朝義勇軍。中国軍の本格的介入は、朝鮮戦争に新たな局面をもたらした。

午後五時に迫撃砲とソ連製の八二ミリ多連装ロケット砲（カチューシャ）の一斉射撃を受けたあと、中国軍の第39軍主力による総攻撃を迎え撃ち、この戦争で初めてとなる米中両軍部隊の直接交戦が発生した。

中国軍の部隊は、ある場所では堂々と行進しながら南下したため、米軍部隊の指揮官が「退却する韓国軍かもしれない」と躊躇して発砲を控え、後背地への浸透を許すという事態も起きていた。雲山で中国軍に包囲された米第8騎兵連隊は、十一月四日頃まで抵抗を続けたが、やがて敗走へと転じ、国連軍の拠点は次々と中国兵に奪われていった。

中国軍の第一次攻勢は、十一月五日にいったん停止したが、各部隊は戦線を整理して食糧および弾薬の補給を受け取ったあと、十一月二十五日から第二次の攻勢を開始した。この第二次攻勢では、敵兵力を自陣営の懐深くまでいったん引き入れた上で、兵力的優位を確保した正面で攻撃に転じ、両翼から包囲して殲滅するという作戦が多用された。

平壌を放棄して退却する国連軍

中国軍の兵力移動と補給物資の輸送を阻止するため、国連軍は十一月八日から、鴨緑江に架かる七本の橋の中で最も重要な新義州のコンクリート橋に対する爆撃を開始した。

初日の爆撃は、四機のF－80ジェット戦闘機に護衛されたB－29戦略爆撃機七九機によって行われ、橋に向けて六〇〇トンの爆弾が投下されたが、対岸の中国領に爆弾が落ちることを避ける飛行ルートをとったことなどが原因で、橋の完全な破壊には失敗した。

朝鮮に入った中国軍の兵力を七万人程度と過小評価していた国連軍司令部は、戦局の打開を目指して、十一月二十四日に鴨緑江を目指す新たな攻勢（いわゆるクリスマス攻勢）[*8]を開始した。

中国軍が展開していない北朝鮮の北東部では、国連軍右翼の進撃が成功し、十一月二十一日には米第7歩兵師団の第17連隊戦闘団が、鴨緑江上流の河畔にある恵山鎮《ヘサンジン》を占領した。

だが、中国軍の展開する北西部では、敵に前進させた上で包囲するという中国軍の術中にはまる部隊が続出し、国連軍の攻勢はわずか数日のうちに頓挫させられてしまう。

状況の深刻さをようやく悟った国連軍司令部は、十一月二十九日に平壌を含む防衛線を保持するよう命令を下し、戦線の南下を食い止めようとしたが、クリスマス攻勢で右翼が北進したために前線の兵力密度がさらに薄くなり、中国軍の浸透が各地で成功した。

その結果、十二月五日に中国軍が平壌へと入った時、国連軍の部隊は西部の平壌南方一帯と東部の元山周辺、そして北東部の咸興から城津《ソンジン》に至る領域の三つに分断されてしまった。東部と北東部のグループは、日本海沿岸で孤立し、陸路での退却は不可能となったため、十二月十日から十二月二十四日にかけて、部隊ごとに船で釜山へと撤退した。

この中国軍および再建された北朝鮮軍の迅速な攻勢を陰で支えたのは、国連軍の後背地で活動する「南部軍団」と呼ばれた共産ゲリラ部隊だった。仁川上陸作戦後に北朝鮮軍の敗残兵が朝鮮半島の中部と東部を走る山地に逃れ、ゲリラとなったことは前にも述べたが、北朝鮮軍との連絡を回復した彼らは、あたかも敵中に降下した空挺部隊のように組織化された。そして、中国軍の進撃に呼応して国連軍部隊の補給線を脅かし、制空権を持たない中国軍部隊が素早く進撃できるよう、情報や補給物資、休息地などを提供した。

これにより、国連軍は、前線部隊が危機に直面する中で、限られた予備兵力を後方のゲリラ部隊への対処にも割かねばならなくなり、効果的な対応力を削がれたのである。

＊8　クリスマス攻勢＝この攻勢についてマッカーサーが、「兵士たちをクリスマスまでに帰国させる」と豪語したことでこう呼ばれる。

兵站システムが綻び始めた中国軍

十二月十日、中国軍は第二次攻勢を停止し、再び再編と補給の段階に入ったが、西部の平壌南方に展開する第8軍の主力（米軍三個師団と韓国軍四個師団）が包囲されることを恐れた国連軍は、十二月十五日に戦線を北緯三八度線まで後退させた。

これにより、朝鮮戦争の最前線は半年前のスタートラインまで押し戻される結果となったが、一か月前には終戦は目前との楽観論が広がっていたにもかかわらず、二週間で二五〇キロもの退却を強いられたことで、国連軍の内部には大きな衝撃と動揺が広がった。

とりわけ米政府と軍の上層部は、北朝鮮とその背後にいるソ連および中国という共産主義勢力との戦いで、容易には勝利できないことを痛感させられた。

また、十二月二十三日に第8軍司令官ウォーカー中将がジープで移動中に事故死し、統合参謀本部の参謀次長マシュー・リッジウェイ中将が、十二月二十六日付で後任司令官となった。翌十二月二十七日、それまで独立した形で運用されていた米第10軍団が第8軍の指揮下に編入され、朝鮮戦争における地上部隊の指揮系統が一本化された。

一方、戦いを優勢に進めているかに見えた中国軍も、兵站面での作戦継続能力の限界と、防寒装備の不備による戦闘力の低下という深刻な問題に直面していた。

朝鮮半島に入った中国兵たちは、保存がきく形に調理された米や豆、トウモロコシなどの食料と弾薬を五日から一〇日分携帯していたが、それらを使い切るといったん停止し、北朝鮮軍と交替して後方で物資の再補給を受けるという行動を繰り返した。

　また、国連軍の偵察機から部隊の存在と位置を秘匿するため、中国軍部隊の移動は基本的に夜間にのみ行い、許可なく昼間に行動した者は銃殺してもよいとの許可が、各部隊の指揮官に付与されていた。

　だが、整備された兵站システムを持たないまま南に前進した中国軍の各部隊は、鴨緑江から遠ざかるほど、再補給の内容が貧弱になり、第二次攻勢が終了した頃には、前線の中国兵たちは深刻な食糧不足に苦しんでいた。

　また、防寒装備や凍結防止のオイルなどの冬季戦に必要な物資もほとんど供給されず、指が凍傷に罹って小銃や手榴弾を操作できなくなる兵士の数が増大した。迫撃砲の砲身は低温のために収縮し、迫撃砲弾の七割が同様の理由で不発となり、うっかり素手で砲身や砲弾などの金属に触れると皮膚が固着した。

　こうした状況を見た彭徳懐は、冬の間は作戦を停止して休息すべきだと毛沢東に進言した。だが、毛沢東はこれを許さず、第三次攻勢を予定通り開始するよう、彭徳懐に電報で繰り返し命じた。彭徳懐は、忸怩たる思いを内心に秘めながら、攻勢を再開した。

　十二月三十一日、中国軍の七個軍は北朝鮮軍の三個軍団と共に第三次攻勢（正月攻勢）を開始し、一九五一年一月十五日まで、酷寒の中で突撃を繰り返した。

北緯三七度線まで進撃した中国・北朝鮮軍

再び陥落したソウルと国連軍の北緯三七度線固守

ドラやラッパの音を山野に鳴り響かせながら、人的損害を度外視した人海戦術の突撃で襲いかかる中国軍と、それを側面から支援する北朝鮮軍の前に、国連軍の部隊は陣地を維持できずに南への退却を繰り返した。

一月三日には、ソウルがまたしても共産軍の手に落ち、一月十五日頃には北緯三七度線の辺りにまで国連軍の防衛線が押し下げられた。

第8軍の新司令官リッジウェイは、国連軍、とりわけ中核を占める米軍の度重なる敗北は、近代兵器と航空戦力、砲兵火力などの優位を過信して、地形の利用や敵情把握などの基本的な戦術の原則をおろそかにしてきたことが要因の一つだと考え、戦術の基礎に立ち返った部隊運用を取り戻すよう、部下の指揮官に訓示を行った。

国連軍総司令官のマッカーサーは、第8軍司令官のリッジウェイに、もし国連軍が壊滅の危機に瀕したならば、日本に撤退してもよいと話したが、リッジウェイは「現状の兵力で戦線を維持することは可能です」と答え、現地部隊の組織改革を継続した。やがて、国連軍のアメリカ兵と韓国兵、そして旅団以下の規模で派遣されていたイギリス兵やトルコ兵などの士気も回復し、第8軍は局地的な反撃を行える状態にまで戦力を取り戻した。

一九五一年一月二十五日、第8軍の左翼（西部）で中国・北朝鮮軍の抵抗力を探るための威力偵察を主眼とした「サンダーボルト作戦」が開始された。地形や隣接部隊との協調に注意を払いながら堅実に前進する国連軍の各部隊は、中国軍の激しい抵抗で損害を出しながらも前進を続け、戦線は着実に北へと押し返されていった。

戦線の反対側では、中国軍と北朝鮮軍の各部隊が、深刻な補給不足に直面していた。鴨緑江から北朝鮮を縦断して韓国領内へと伸びていた中国軍の後方補給路は、すでに輸送能力の限界に達していた上、国連軍の爆撃機による爆撃で物資の多くが前線に届いていなかった。国連軍の第5空軍は、全補給量の八割を輸送中に阻止できたと報告した。

中国・北朝鮮軍への反攻に転じた国連軍

戦線左翼で国連軍の米第1軍団と米第9軍団による「サンダーボルト作戦」が順調に進展しているのを見たリッジウェイは、部下の兵士たちが戦意と自信を取り戻しつつあるとの確信を深め、中央と右翼でも本格的な反攻に転じることを決断した。

二月五日、戦線の中央に展開する米第10軍団と韓国第3軍団は、「ラウンドアップ作戦（中東部での北進作戦）」を開始し、中国軍と北朝鮮軍の拠点への攻撃を開始した。これに対し、中国軍と北朝鮮軍の各部隊は、二月十一日に戦線中央部の洪川《ホンチョ》から横城《フェンソン》を経て原州《ウォンジュ》に伸びる軸線に沿って第四次攻勢（二月攻勢）を開始し、国連軍の東西への分断を図った。

中国軍の攻勢は、携帯する補給物資が底をついた二月十八日まで継続され、冠雪した山地で激しい死闘が繰り広げられたが、国連軍とは対照的とも言える粗末な環境での越冬を強いられた中国兵は、凍傷や飢餓、疾病で気力と体力が衰えた状態にあり、以前のような大突破を行う能力を有してはいなかった。その結果、中国軍の攻勢は国連軍の戦線に穴を穿つことができないまま、寒風の吹きすさぶ中で収束していった。

一九五〇年十月の中国軍介入以降、大規模な中国軍の攻勢を国連軍が阻止したのは、これが初めてであり、国連軍将兵の士気はさらに上昇した。リッジウェイは「敵に休養と再編成の余裕を与えないために、全戦線にわたって攻勢を再興する」と決断し、二月二十日から第8軍の総力を投じた北進攻勢「キラー作戦」を開始させた。

この新たな国連軍の攻勢は、春先のすさまじい豪雨とそれに伴う河川の増水、そして中国軍と北朝鮮軍の巧妙な遅滞戦術によって何度も停止を余儀なくされたが、二月末には西部の米第1軍団が、ソウルの南方数キロの地点まで前進した。リッジウェイは、敵が防備を固めていると予想されるソウルではなく、中部と東部で戦線を押し上げて、ソウルを東から包囲することを意図した「リッパー作戦」を、三月七日に開始させた。

この動きを見た中国軍は、ソウルでの固守は愚策だと判断し、三月八日にソウルを放棄して撤退を開始した。三月十五日、白善燁《ペクソニョプ》少将に率いられた韓国軍第1師団はソウルを再度奪回し、国連軍の各部隊は全戦線で北への進撃を継続した。

戦前には人口一五〇万人の大都市だったソウルは、戦災で荒廃して電気もガスも止まった状態にあり、住民の数も二〇万人ほどにまで減少していた。

国連軍の各部隊は、引き続き北緯三八度線を目指して北進を続けた。だが、戦線がその因縁深い緯度線に近づくにつれて、朝鮮戦争の将来的な展望についてのトルーマンとマッカーサーの認識の齟齬は決定的なものとなった。

トルーマンは、北緯三八度線という境界が回復された段階で、アメリカによる介入の目的は一応達成されたものと見なし、中国との間で戦争終結に向けた和平交渉を開始しようと考えていた。だが、生粋の軍人であるマッカーサーは、決定的な勝利を得るため、北朝鮮のみならず中国本土にまで国連軍の攻撃対象を拡大すべきだと主張したのである。

マッカーサーの国連軍総司令官解任

一九五一年三月二十三日、マッカーサーはホワイトハウスと一切協議することなく、中国政府に対する最後通牒とも受け取れるような内容の声明文を発表した。

「作戦は予定通りに進行している。中国共産軍は、彼らが自慢するほどの戦争継続能力を保持してはいない。もし国連軍が現在のような『政治上の制約』から解放されて、戦争を朝鮮半島から『大陸』（中国本土）にまで拡大すれば、共産党支配下の中国は事実上壊滅し、台湾問題や国連における中国の議席問題なども解決するだろう」

翌三月二十四日にも、マッカーサーは次のような声明を発表した。

「（北緯）三八度線が軍事的な意味を持ったことは、かつて一度もなかった。現在においても、わが空軍と海軍は自由にこの線を越えており、過去においては敵と味方の地上部隊がこの線を上下したのは周知のことである」

この二つの声明内容を知ったトルーマン米大統領は激怒した。彼が準備していた、国連を中心とする外交交渉で朝鮮半島における戦争を終結すべきだという大統領声明文の内容を、マッカーサーの「暴言」は真っ向から否定するものだったからである。

外交による戦争の終結を否定し、核兵器の使用も想定しているとも解釈できるこの声明の内容を知ったトルーマンは政府と軍の首脳部を召集し、マッカーサーの処遇を検討した。

トルーマンは朝鮮戦争の勃発当初から、マッカーサーの職権を逸脱した政治的発言や、中国の軍事介入に関する見通しの甘さ（マッカーサーは一九五〇年十月十五日に太平洋のウェーク島でトルーマンと会談した際、中国が介入する可能性は非常に少なく、仮にあったとしても兵力は五万ないし六万人程度だろうと述べていた）、台湾の蒋介石に対する過剰な肩入れなどを苦々しく感じていたが、ついに我慢の限界に達していた。

マーシャル国防長官やブラッドレー統合参謀本部議長をはじめとする軍首脳部の間でも、もはやマッカーサーを擁護する論調は見られず、トルーマンは四月十一日の午前一時に緊急記者会見を開いて、マッカーサーの罷免を正式に発表した。同日付で国連軍総司令官を含む全ての軍の役職を解任されたマッカーサーは、いまだ主権を回復していない（GHQの統治下にある）日本を後にして帰国した。

後任にはリッジウェイが昇格し、第8軍司令官にはジェームス・ヴァンフリート米陸軍中将が四月十四日付で任命された。だが、外交による戦争の終結を望むトルーマンの思惑とは裏腹に、中国政府との外交交渉は、彼が期待したような形では始まらなかった。

朝鮮戦争の休戦とその後の朝鮮半島

休戦交渉の開始と地獄の「高地戦」への移行

マッカーサー解任の二日前に当たる四月九日、国連軍は北緯三八度線の北側二〇キロに設定された目標線（カンザス・ライン）を目指す攻勢「ラギッド作戦」を開始したが、それから一三日後の四月二十二日には、戦力を回復した中国軍と北朝鮮軍が、北緯三八度線付近の山地で第五次攻勢を開始した。

これ以降、北緯三八度線の付近では、両軍が攻防を入れ替える形で激しい戦闘が繰り返された。中国軍は、四月三十日にいったん停止していた第五次攻勢を五月十五日に再開したが、一週間前後しか攻勢を持続できない問題点は解消されておらず、五月二十三日には中国軍の攻撃も下火となった。この戦いで、毛沢東の息子である毛岸英《もうがんえい》も戦死した。

山地での激しい近接戦闘で両軍の損害も増加し、国連軍は五月だけで三万六〇〇〇人、中国軍も第五次攻勢全体で八万五〇〇〇人の死傷者を出していた。

そんな状況の中、ソ連の国連代表マリクが六月二十三日に国連安保理で休戦を提案し、朝鮮戦争はいよいよ終結へと向かい始めたかに見えた。

六月二十五日、国連安保理で朝鮮戦争の休戦条件に関する討議が開始され、七月十日には開《ケ》城《ソン》で米韓両軍と中国・北朝鮮両軍の代表者による第一回目の停戦交渉（正式名称は「朝鮮軍事会議」）が開かれた。しかし、停戦ラインの設定や捕虜の処遇など、諸々の議題についての米中双方の主張は平行線をたどり、八月二十二日には休会となった。

国連で初めて朝鮮戦争の休戦が提議されたのは、一九五一年一月十三日のことで、提議者は英仏両国をはじめとする西欧諸国だった。この時に示された条件は、中国と北朝鮮にやや有利な内容で、もし中国がこれを了承していたなら、第三次攻勢に成功して前線を北緯三七度線付近に押し下げた状態で、境界線を既成事実化できた可能性もあった。

ところが、中国政府は戦場における自軍の優位を過信して、さらに条件を釣り上げる態度をとったため、アメリカが同意を拒絶し、休戦の交渉は立ち消えとなった。

一方、前線では休戦交渉と並行して、両軍の死闘が続いていた。中国軍と北朝鮮軍は、山岳地帯での戦闘に習熟して、山中に坑道（トンネル）を掘って陣地を構築する方策をとり、一九五一年の秋から一九五二年の春までの半年間に、一九〇キロにわたる坑道を掘削した。その結果、朝鮮半島を横断する戦線の北側に、深さ二〇ないし三〇キロの縦深を持つ陣地帯が形成され、国連軍の凄まじい砲兵火力を相殺する防御態勢が構築された。

これらの山々を舞台に展開された「高地戦」は、日露戦争期の二〇三高地にも似た壮絶な肉弾戦で、甚大な人的損害と引き換えに占領した高地を、すぐに敵の逆襲で取り返されるという、絶望的ともいえる死闘が、一九五三年の休戦成立の瞬間まで繰り返された。

スターリンの死と休戦協定の成立

一九五一年十月二十五日、ソウル北方の板門店《パンムンジョム》に会場を移して軍事会談が再開され、十一月二十七日の会談では、軍事境界線を「現在の両軍接触線を基にする」ことで合意が成立した。

1953年7月27日に板門店で行われた休戦協定の調印式。ここで合意されたのは、あくまで「休戦」であり、朝鮮半島は依然として「戦時中」の状態にある。

しかし、残る議題である「停戦と休戦の実行」と「捕虜の送還問題」で双方の主張が対立し、一九五二年に入っても歩み寄りは見られなかった。

その背景には、朝鮮戦争の継続を望むスターリンの意向が存在した。

開城での停戦交渉の開始以来、スターリンは決して国連軍（アメリカ側）に譲歩しないよう中国と北朝鮮に指示し続けており、毛沢東と金日成は内心では戦争の終結を望みつつも、主要な武器供給源であるソ連の意向に従わざるを得ない立場に立たされていた。

東西冷戦という地球規模でのアメリカとの戦いを重視するスターリンから見れば、たとえ中国と北朝鮮が朝鮮戦争の長期化で大きな損害を被ったとしても、その代償としてアメリカの持つ国力を低下させることができれば、東西冷戦のパワーゲームでは相対的にソ連が優位に立てると考えられたからである。

一九五二年五月十二日、リッジウェイがヨーロッパのNATO（北大西洋条約機構）軍総司令官に転任し、後任の国連軍総司令官にはマーク・クラーク米陸軍大将が任命されたが、軍事会談は一向に進展しなかった。前線では、地獄のような高地の争奪戦で双方の兵士が連日戦死し続けていたが、それが休戦交渉に及ぼした影響は事実上皆無だった。

しかし、一九五三年三月五日にスターリンが病死すると、中国と北朝鮮の態度にも大きな変化が現れはじめた。

北朝鮮と中国に対して絶対的な影響力を持つスターリンがこの世を去ると、ソ連の新政権は三月十九日に朝鮮問題に関する政策の変更を行い、停戦交渉への協力を要請する書簡を北京と平壌の双方に送付した。

これにより、韓国政府を除く（理由は後述）全ての当事国が停戦に向けた歩み寄りを見せ始め、朝鮮戦争における停戦交渉は急速に進展していった。

一九五三年七月二十七日の午前一〇時、北緯三八度線付近の板門店で国連軍（韓国軍も含む）と北朝鮮・中国軍の代表者が会談し、ついに朝鮮戦争の休戦協定が調印された。

現状の軍事境界線を挟んで戦闘行動を休止するという趣旨の協定文書には、国連軍と北朝鮮軍の代表者の署名が記されたが、彼らは握手はおろか相手側に顔を向けることすらせず、別々に調印の手続きを行った後で会議場から退出した。

このほか、国連軍総司令官クラークと、北朝鮮人民軍総司令官の金日成、中国の抗美援朝軍総司令官の彭徳懐も、後方の司令部でそれぞれ休戦協定の文書に署名した。

戦争の当事者である韓国の李承晩政権は、朝鮮半島における南北分断の永続化を意味する休戦協定への調印を頑なに拒否する態度を貫いた。

一方、北朝鮮の金日成は、自らの面子を保つため、調印翌日の七月二十八日に「米帝国主義者が傀儡の李承晩一派を扇動して始めたこの戦争において、朝鮮人民は英雄的に戦って勝利した」との演説を行った。

終わらぬ対立と第二次朝鮮戦争の可能性

朝鮮戦争における軍人の戦死者数は、いくつかの数字が提示されてきたが、韓国軍が約一四万七〇〇〇人(行方不明者は約一三万一〇〇〇人)、北朝鮮軍が約五二万人、韓国以外の国連軍は約三万五〇〇〇〇人、中国軍は約一八万四〇〇〇人と見られている。

北朝鮮は、少なくとも数十万人(最大で二〇〇万人以上)の民間人をこの戦争で失い、高麗王朝以来の古都として知られた平壌は国連軍の猛爆撃で完全に破壊された。工業および鉱業の生産力は、戦争開始以前の約二〜四割に低下し、農業生産力も二割程度にまで落ち込んだため、北朝鮮の全域で飢餓が発生し、三〇〇万人ともいわれる難民が国境を越えて韓国や中国へと脱出した。

つまり、北朝鮮は、建国二年目に開始したこの無謀な戦争によって、建国時に保持していた膨大な「富」の大部分を喪失してしまったのである。

一方の韓国もまた、この戦争で数十万人の民間人を犠牲にし、国民の三人に一人が離散家族という悲惨な戦争の後遺症に苦しめられることとなった。

荒廃した国土の復興は、アメリカをはじめとする諸外国からの支援にも助けられながら徐々に成し遂げられたが、準戦時状態という特異な状況下に置かれた韓国の政情は、自ずと国家の安全を優先視する軍人主導の非民主的な独裁体制へと突き進んでいった（韓国の民主化は一九八七年）。

韓国は建国以来、北朝鮮を朝鮮半島の正統な政府と認める中国との国交を持たず、朝鮮戦争の休戦協定成立から三九年後の一九九二年八月二十四日に、ようやく中国との外交関係樹立の共同宣言を行った。

一方、アメリカと北朝鮮は現在に至るまで、一度も正式な外交関係を持たないまま、朝鮮戦争の休戦成立時とさほど変わらない敵対的な関係を続けてきた。

そして、アメリカと中国、ソ連の各国政府は、板門店での休戦協定成立の後、共に現状維持の政策を貫き、朝鮮半島で再び戦火を交えるような事態を引き起こそうとはしなかった。東西冷戦下で対峙する米中ソ三国の各国政府の立場から見れば、朝鮮半島の南北に二つの（彼らにとっての）緩衝国家が存続し続けることは、そのうちの一つが失われた不安定な状態よりも、国際的な戦略ゲームにおいて望ましいことだったからである。

結局、朝鮮に住む人々にとって、丸三年間にわたる朝鮮戦争は「災厄」以外の何物でもなかった。彼らは、長年追い求めてきた「統一朝鮮の独立回復」という理想を何一つ実現できないまま、東西冷戦という構造の中で大国の利害に翻弄され、大切な家屋や財産、親族の命を奪い取られた。そして、彼らがその代償として得たものと言えば、戦争前と同じ「朝鮮半島の分断」という政治的状況だけだった。

この休戦の日から現在に至るまで、六六年が経過したが、朝鮮戦争は正式な「終戦」を迎えないままで現在に至っている。朝鮮半島の北と南にそれぞれ政権を構える北朝鮮と韓国は、国際法上では「交戦国」同士であり続け、北朝鮮は韓国要人の暗殺や韓国航空機の爆破などのテロ行為を繰り返し実行した。

主なテロ事件としては、一九六八年一月二十一日の北朝鮮軍特殊部隊による青瓦台の韓国大統領府襲撃未遂事件、一九八三年十月九日のラングーン爆弾テロ事件（韓国の閣僚四人が死亡、全斗煥《チョンドゥファン》大統領は無事）、一九八七年十一月二十八日の大韓航空機爆破事件（乗客乗員一一五人が死亡）などがある。

現在の朝鮮半島は、韓国の文在寅《ムンジェイン》大統領と北朝鮮の金正恩《キムジョンウン》朝鮮労働党委員長が比較的穏やかな関係を維持しており、韓国が軍部独裁であった時代に比べれば、南北関係は落ち着いているように見える。

だが、朝鮮戦争の苛酷な歴史が教えるように、朝鮮半島は韓国と北朝鮮の二国だけでなく、アメリカ、中国、ロシアの政治的な思惑が交錯する戦略的要衝であり、朝鮮戦争の休戦が「終戦」へと進展しない限り、そこに住む人々の意向を無視する形で事態が急変するという展開も、決してないとは言い切れないのである。

第四章

インドシナ戦争

第二次世界大戦の終結により、フランスはかつての植民地ベトナムを再び統治した。だがベトナムは自由と独立を掲げるホー・チ・ミンを指導者として抵抗。一九四六年十二月にインドシナ戦争が勃発した。中国から支援を受けたベトナムの、宗主国フランスからの独立戦争は、やがて帰趨を決する要衝ディエンビエンフーをめぐる攻防戦へと発展してゆく。そして、この戦争はインドシナ半島を舞台とする新たな戦乱の始まりとなった。

戦乱に蹂躙されたインドシナの大地

二十世紀に発生した数々の戦乱の中でも、インドシナ半島を舞台に繰り広げられたいくつかの戦争――インドシナ戦争、ベトナム戦争、カンボジア内戦――は、とりわけ凄惨で情け容赦のない過酷な戦いとして特筆されている。

世紀の初頭には、これらの地域は欧州列強の一角を担うフランスの植民地支配下にあったが、第二次世界大戦の勃発後に発生した日本軍の進駐を境に、外国の支配からの脱却を目指す独立運動が急速に勢力を拡大していった。

そして、長く苦しい戦時下の生活を耐え続けたインドシナ半島の人々は、第二次世界大戦後の地球上で形成された東西冷戦の構図にいつしか呑み込まれ、フランス、アメリカ、中国、ソ連などが振りかざす政治的思惑に翻弄されながらも、最終的にはそれぞれの地域で民族の独立を勝ち取ることに成功する。

二十一世紀を迎えた現在のインドシナ半島は、ベトナム、ラオス、カンボジアの三国とタイの東半分から構成されているが、フランス統治時代には、ベトナムはさらに三つの地域（北部のトンキン保護領、中部のアンナン保護国、南部のコーチシナ直轄植民地）に分割支配されていた。

その後、ディエンビエンフー要塞の陥落と共にフランスがインドシナ半島から撤退すると、ベトナムの三地域はアンナン中部の北緯一七度線を境界とする南北二つの独立国へと再分割されたが、米ソの対立に起因する東西冷戦の激化は、この南北ベトナムにも大きな犠牲を強いることになる。

それでは、二十世紀のインドシナ半島を舞台に繰り広げられた数々の戦争は、いかなる理由で発生し、どのような経過をたどったのだろうか。

それを見ていくために、まずインドシナ三国の中でも最も激しい戦乱の舞台となったベトナムに焦点を当て、インドシナ戦争の勃発に至るまでの同国の歴史を振り返ってみたい。創成期からのベトナムの歴史を知ることは、フランスやアメリカという大国の近代的な軍隊を打ち破ったベトナム人の民族主義と、深い関わりを持っているからである。

本章では、ベトナム独立戦争という実体を持つインドシナ戦争の経過に光を当て、東西冷戦の構図がこの戦争に及ぼした影響や、後のベトナム戦争（第五章で詳述）の発生原因を読み解いていく。

ベトナムのフランス植民地支配からの脱却

インドと中国の狭間で翻弄されたベトナム

アジアの二大国家インドと中国に挟まれた回廊部に位置し、後に宗主国フランスによって「インドシナ」と呼ばれることになる半島は、紀元前十世紀頃から栄えたといわれる独自の古代文明群を礎として、印中両国の前身国家群からもたらされる異文化の影響を受けながら、独特の文化圏を形成してきた。

半島の東部を占める現在のベトナムは、西暦元年頃には北部地域が事実上の属領として中国（前漢）の支配下に置かれ、中部（林邑《りんゆう》）と南部（扶南《ふなん》）地域はインド方面から流入するヒンズー教と仏教の流れを汲む独立国家によって占められていた。

十世紀頃、中国人の搾取に対する不満を鬱積させたベトナム北部地域の農民たちは、中国（五代十国[*1]）の政治的混乱に乗じて反乱を企て、九三九年に「大越（ダイベト：一〇五四年に国号として制定）」と呼ばれる王朝国家を築くことに成功する。

中国は、数度にわたり軍隊を派遣して「安南《あんなん》（北部ベトナム地域の当時の中国側呼称で『中

＊1　五代十国＝唐の滅亡（九〇七年）から、宋が成立（九六〇年）して中国を統一するまでの状態をいう。五代は華北を中心に興亡した後唐・後晋・後漢・後梁・後周の五つの王朝を、十国は華中や華南などにおける後蜀・南唐・呉越・楚など一〇の諸国を指し、この時代にそれぞれが興亡した。

国の南方を安んずる』の意）」を再併合しようと試みたが、大越の王朝は中国（および蒙古）軍の侵攻を撃退した。こうして大越はインドシナ半島北東部の独立国家としての地位を着実に固めていった。

十四世紀に入ると、大越はベトナム中部の林邑をも支配下に収め、日本を含む外国との交易も活発に行ったが、国内では官吏の汚職などが横行し始め、農民の一揆は大越各地で絶え間なく発生した。人口問題の解決と食糧生産の向上を目指して、南方への領土拡張を続けていた大越は、十七世紀の終わり頃には半島南東部の一大農地であるメコン河のデルタ地帯を併合したが、国土の拡大と共に地方豪族による利権をめぐる紛争も激化し、十八世紀にはついに全国的な内乱の時代へと突入してしまう。

このような状況の中で、南部の豪族・阮（グェン）一族の末裔である阮福暎（グェン・フック・アイン）の率いる勢力が、フランス人義勇兵と同国製の近代兵器に助けられながら国内の反対勢力を撃破し、一八〇一年には中部の都市フエ（ユエ）[*2]を占領、翌一八〇二年には大越の都城である昇竜（タンロン：現ハノイ）に入城した。

阮福暎は、元号を「嘉隆（ザーロン）」と改めるのと共に自ら「嘉隆帝」と名乗り、第二次世界大戦の終結する一九四五年まで続く、阮朝の初代皇帝に即位した。

外国からの度重なる干渉を退けた有力国・大越の南北統一を成し遂げた阮朝は、もはや中国にとっても無視できない存在となった。

一八〇四年、中国の清朝は嘉隆帝を「越南国王」として承認し、これに伴って国号も大越から「越南（ベトナム）」へと改称された。嘉隆帝の後継者である明命（ミンマン）帝は、一八三八年に国号を「大南（ダイナム）」に変更したが、清朝へ使者を派遣する際には従来通り「越南」を使用し続けた。

しかし、阮朝の安泰も長くは続かなかった。植民地獲得競争に明け暮れるヨーロッパ列強は、アジア有数の米の生産地であるベトナムにも、その目を向け始めていたからである。

フランス植民地支配の確立

阮朝が誕生した当時、ベトナムとフランスとの関係は決して悪いものではなかった。前記した通り、大越の統一が成し遂げられた背景には、阮福暎と親交のあった宣教師ピニョー・ド＝ベーヌと、彼の呼びかけに応えて馳せ参じたフランス人義勇兵の存在があったからである。

しかし、阮福暎が一八二〇年に死去すると、彼の息子である明命帝は一転して排外政策をとるようになり、ベトナム国内でのキリスト教の布教活動が禁止された。これに対し、他の欧州諸国と同様、

*2 ユエ＝「フエ（ベトナム語：Huế）」はベトナム語の発音。「ユエ」はフランス語の発音で、フランスの統治時代にこう呼ばれた。

宣教師の活動を先兵として植民地を獲得しようと動いていたフランスは、固く閉ざされたベトナムの扉を力によってこじ開けようと試みた。

一八五八年八月、フランスは名目上スペインと共同でベトナム中部に軍隊を派遣して、港湾都市ダナンを占領した。前年にベトナム国内で行われた、スペイン人宣教師に対する処刑への報復がその理由だった。

当時二九歳だった阮朝の第四代皇帝・嗣徳（トゥドゥック）は、国内のキリスト教徒を弾圧するなどして西欧諸国への反発を強めていたが、ベトナムの攻略に本腰を入れ始めた大国フランスの侵攻を防ぎ切れるほどの軍事力は保持しておらず、翌一八五九年二月には南部の大都市サイゴンが、フランス軍の手に落ちた。

正面から抵抗したのでは勝ち目はないと悟った嗣徳は、一八六二年六月に第一次サイゴン条約と呼ばれる講和条約を受け入れ、「コーチシナ（インドのポルトガル植民地コーチンに因《ちな》んでフランス側が付けた呼称）」の名称を持つ南部地域の東側三省と崑崙（コンダオ）島のフランスへの割譲、そしてベトナムでのキリスト教の布教活動が認められた。

これ以降、ベトナムにおけるフランスの支配権は拡大の一途をたどり、第一次条約の締結から五年後の一八六七年六月にはコーチシナ西部の三省をも併合して「コーチシナ直轄植民地」が形成された。だが、ベトナムに上陸したフランス人商人は、コーチシナの肥沃な国土がもたらす莫大な富に満足せず、さらなる北上をフランス軍部に働きかけた。

一八七三年、フランス商人ディピュイがインドシナ半島北東を流れる紅河（ソンコイ）の遡行を妨害されたとして、海軍将校ガルニエ率いるフランス軍がベトナム北部に侵攻し、主要都市を占領した。

この領地は、翌一八七四年三月の第二次サイゴン条約でいったん返還されたものの、一八八三年七月に嗣徳が死去すると、阮朝の指導部は後継者争いで混乱状態に陥り、フランスの政治的圧力に対抗する力を失ってしまう。

同年の八月二十五日、フランスはベトナム中部と北部をフランス保護領とする第一次フエ条約（アルマン条約）を阮朝に受け入れさせ、翌一八八四年五月には北部の「トンキン保護領」一帯にも軍隊を進駐させた。

これにより、フランスは植民地を介して中国と国境を接することとなり、同様に東南アジアの植民地化を進めていたライバル国イギリスに対しても有利な地歩を獲得することに成功したのである。

反フランス抵抗運動の挫折

南の隣国ベトナムがフランスの軍隊によって併呑されていくのを見た中国（清朝）は、一八八四年六月の第二次フエ条約（フランス側の代表者の名を取ってパトノートル条約とも呼ばれる。内容は第一次条約の再確認）締結をきっかけにベトナムに対する宗主権を主張し、阮朝の来援要請に応える形で、フランス軍の展開する北部地域へと軍を進めた（清仏戦争）。

清軍は間もなくランソンでフランス軍と交戦して敵を撃退したが、フランス海軍はその矛先を台湾へ向けて基隆《ジーロン》砲台を占領し、清の南洋艦隊を壊滅させることに成功する。

予期せぬ戦争の拡大を危惧した清朝は、翌一八八五年六月にフランス側代表パトノートルと交渉を持ち、台湾地域からのフランス軍の撤退と引き換えにフランスのベトナム領有を認めるという「天津条約」を締結、中国はベトナムをめぐる帰属問題から完全に手を引いてしまった。

こうして、外部からの干渉を取り除いたフランスは、捕らえた獲物を料理するかのように、インドシナ植民地の再整理にとりかかった。

ベトナムを構成する三つの地域（トンキン保護領、アンナン保護国、コーチシナ直轄植民地）と、一八六三年に保護国としたカンボジア（カンプチア）を併せて、一八八七年十月十七日に「インドシナ連邦」を成立させ、一八九三年には同じく保護国にしていたラオスを、この連邦へと統合した。

一方、過去に幾度となく外敵の侵入を阻止してきた歴史を持つベトナムの国内では、二十世紀に入ると祖国の再興を叫ぶ民族運動が活発化し、一九〇四年には儒教学者の潘佩珠（ファン・ボイ・チャウ）が、阮朝の一部皇族らと共に「ベトナム維新会」を結成して、植民地体制打倒に向けた闘争を開始した。

潘佩珠は、日露戦争で大国ロシアの南方進出を阻止した日本の奮戦ぶりに感銘を受け、ベトナムの青年を日本へと留学させる「東遊（ドンズー）運動」を提唱するなど、祖国再興へ向けた国民の意識改革を試みた。

しかし、ようやく手に入れたアジアの植民地を、フランスが簡単に手放すはずもなかった。フランスから日本政府にかけられた圧力によって、日本における「ベトナム維新会」の活動は厳しく取り締まられ、「東遊運動」で海を渡った留学生たちも三〜四年のうちに国外への退去を強いられた。

これ以降、第二次世界大戦が勃発する一九三〇年代までの時期に、ベトナムの各地域では小規模な独立運動が散発的に発生したが、いずれも住民の広範囲な支持を得ることができず、フランスのインドシナ総督府は比較的簡単にそれらの抵抗を排除できた。

一部のインテリ層が語る西洋的な国家建設の理念は、あまりにも抽象的すぎたため、ベトナムの人々は、自分たちの生活がその実現でどう変わるのかという明確なビジョンを思い描くことができなかったからである。

だが、盤石と思われたフランスのインドシナ半島における植民地経営は、彼らが予想もしなかった三つの出来事によって大きな転機を迎えることになる。

第二次世界大戦の勃発直後に発生した本国フランスの枢軸国に対する降伏と、それに伴う日本軍のベトナムへの進駐、そして農民や鉱山労働者が当事者意識を持って身を捧げることのできる新たな社会思想――共産主義の東南アジアへの広まりである。

ベトナム革命勢力の誕生

日本軍のインドシナ半島進駐

一九四〇年五月十日、ナチス・ドイツの総統アドルフ・ヒトラーは、西欧の大国フランスとベネルクス三国の攻略を目指す大軍事作戦「黄色の場合」を発動させた。

第一次世界大戦の戦勝国フランスは、難攻不落と謳われた要塞線「マジノ線」を独仏国境に構築していたものの、地形が険しいため防備が手薄だったベルギー南部のアルデンヌ地方からの予期せぬ奇襲攻撃によって戦線の突破を許してしまう。ドイツ軍の戦車部隊は、フランス首脳部の予想を上回るスピードで英仏連合軍の主力を包囲することに成功。六月十四日には首都パリがドイツ軍の手に落ちた。

もはや勝ち目がないと見たフランスのペタン首相は、六月二十二日、枢軸国（ドイツ・イタリア）に対する全面降伏を受け入れ、翌七月二日には「ヴィシー政府」と呼ばれる親枢軸の新政権が、フランス南部の都市ヴィシーに設置された。

ヴィシー政府の樹立は、同じ枢軸陣営に属する大日本帝国にとっては大いに歓迎すべき出来事だった。当時、蔣介石率いる中国の国民党勢力との間で日中戦争を戦っていた日本は、国民党に対する英米からの援助物資が、仏領インドシナ半島北部のトンキン保護領にあるハイフォン港から陸揚げされているのを苦々しい思いで眺めていたからである。

フランス政府の降伏によって、インドシナ半島の支配権が連合国側から枢軸国側に移ったことを理解した日本は、ハイフォン港を経由する「援蔣ルート」[*3]を断ち切るべく、仏領インドシナの総督府に圧力を加え、九月二十二日に日本軍のインドシナ北部への駐留を認める合意文書「日仏軍事細目協定」に調印させた（進駐開始は翌二十三日）。

日本軍の仏領インドシナ北部への進駐は、英米両国と日本の関係を悪化させたが、すでに太平洋南方地域へと自国の勢力圏を拡大する方針を固めていた日本側にとって、インドシナ半島は欠くことのできない重要な南進の拠点だった。一九四一年七月二十三日、日本政府はヴィシ

***3　援蔣ルート**＝日中戦争時、日本と戦っていた蔣介石の国民党軍に対して米英ソが援助物資を輸送するために設けた輸送路。複数あり、イギリスの植民地だった香港に陸揚げし中国内陸に運ぶルート、フランス領インドシナのハイフォン港に陸揚げして雲南省・昆明へ鉄道で運ぶルート、ソ連領から運ばれるユーラシア大陸内陸のルート、そしてビルマ（現ミャンマー）のラングーン港に陸揚げした後、鉄道や河川を使ってビルマ中部のラシオまで運び、そこから輸送路（ビルマ公路）で昆明まで運ぶビルマ・ルートがあった。太平洋戦争勃発時に日本軍がビルマに侵攻した理由の一つがビルマ・ルートの遮断だった。

ー政府との間で「日仏共同防衛協定」と呼ばれる条約を締結し、五日後の七月二十八日からはベトナムの中南部へも兵力を送り込んだ（南部仏印進駐）。

この、日本軍による南北ベトナムへの進駐は、米政府による在米日本資産凍結や対日石油禁輸決議などの厳しい報復措置を引き起こし、ついには英米およびオランダとの全面戦争（太平洋戦争。当時の日本側呼称では大東亜戦争）へと結びつくことになる。

その一方で、長年にわたるフランス統治下での生活に不満を鬱積させていたベトナムの住民は、続々と上陸する日本兵を歓迎する姿勢を見せた。これでようやく、植民地支配の圧制から解放されると考えたからである。

しかし、そのようなベトナム民衆の期待は、間もなく開始された日本軍の厳しい統治によって完全に裏切られることになる。

表向きは「大東亜の共栄」という美麗なスローガンを掲げる大日本帝国政府は、実際には日本の利害と切り離した形でベトナムの独立を認めるつもりなど毛頭なく、名目上はフランスの統治権を認めながらも、実質的にはインドシナ半島の新たな「宗主国」として、米や天然ゴム、石炭などの資源を収奪し始めたからである。

独立の父ホー・チ・ミンの祖国帰還

日本軍が着々と仏領インドシナへの影響力拡大を進めていた一九四一年一月、一人のベトナム人が長い海外生活を終えて、再びインドシナの地に帰り着いた。

当時五一歳になるこの男は、本名をグェン・タッ・タインといったが、ヨーロッパの社会主義運動家の間ではすでに、インドシナを代表する共産主義運動の有力者「阮愛国（グェン・アイ・コック）」としてその名を知られた存在で、日本軍の進駐という重大事件を機に、祖国ベトナムの独立を実現しようと帰国の途についたのである。

一八九〇年（九二年との説もあり）五月十九日、ベトナム北中部のゲアン省に住む儒者の家に生まれた彼は、フエの国学中学を卒業後、二一歳の時にフランス船の見習い船員として国を離れ、ヨーロッパへと渡った。この時期の彼の行動には不明な点も多いが、写真修正などの仕事をしながら労働問題に関心を抱いた彼は、間もなく「阮愛国（愛国者グェン）」と名を改め、フランスで隆盛していた社会主義運動へと参加するようになる。

しかし、フエの学校でベトナムの民族史を学んだ彼にとって、一方で労働者の解放を謳いながら他方では白人によるアジアでの植民地支配を黙認するというフランス人活動家の欺瞞的な態度は、到底受け入れられるものではなかった。

そんな時、彼の不満を見透かしたかのような変革が、ヨーロッパの東方で発生する。

一九一七年十一月（旧暦十月）、革命家レーニンに率いられた共産主義者の一団が、ロシアで革命政権を樹立することに成功したのである。「植民地の現地労働者も差別することなく、白人労働者と同等の権利を有するべきだ」というレーニンの演説内容に、阮愛国は深い感銘を受け、本格的な政治活動に人生を捧げる決心を固めていった。

二年後の一九一九年六月、フランスのベルサイユで第一次世界大戦の講和会議が開催されることを知った阮愛国は、フランス支配からのベトナムの独立を列強に認めさせようと現地を訪れた。だが、戦勝国に名を連ねるフランスの利益に反する申し出が、会議の参加国から受け入れられるはずもなく、彼の努力は完全な徒労に終わってしまう。

フランス国内にいたのでは、祖国の再興と労働者の解放は実現できないと考えた彼は、国際的な政治活動を行うのに必要な肩書きを手に入れるため、一九二一年にベトナム人として初めてフランス共産党に入党、二年後の一九二三年六月には思惑通り共産主義勢力の総本山とも言えるソ連に渡ることに成功し、コミンテルン（各国共産党の連携組織「共産主義インターナショナル」の略で、本部はソ連の首都モスクワに置かれていた）のアジア問題専門家としての地位を着実に築いていった。

だが、インドシナから遠く離れた場所での政治活動だけでは、故国でのフランス支配体制に有効な打撃を与えられるはずもなかった。

このため一九二五年六月、阮愛国は中国の広東で在中ベトナム人を集めて「ベトナム青年革命同志会（青年＝タンニェン）」を設立、一九三〇年二月には香港で「ベトナム共産党（同年十月にインドシナ共産党へと改称）」を立ち上げたが、これらの動きに呼応してベトナム国内で発生した反仏蜂起は、ことごとく失敗に終わってしまう。

このような厳しい状況の中で、祖国再興のきっかけを模索していた阮愛国にとって、フランス本国のドイツへの降伏と、それに続く日本軍の進駐で引き起こされた一時的な政治的混乱は、自らベトナムへと帰国して政治闘争を開始する絶好のチャンスだった。中国内部の共産主義勢力である八路軍[*4]の通信兵になりすました彼は、広西省から国境を越えてトンキン領内へと侵入し、三〇年ぶりに祖国ベトナムの土を踏みしめた。

ベトナムの独立を目指す阮愛国――後のホー・チ・ミン――の、インドシナにおける長い闘争の始まりである。

新たなる抵抗組織・ベトミンの結成

一九四一年五月十日、中国との国境に近いベトナム北部の街パクボでインドシナ共産党の第八回中央委員会が開催され、一〇日間にわたる会議の末に、反仏・反日闘争の連合組織「ベトナム独立同盟会（越盟＝ベトミン）」の設立を決定した。

＊4　八路軍＝日中戦争において、主に華北方面で活動していた中国共産党の軍である中国工農紅軍（通称・紅軍）が、一九三八年に国民党政府（国民政府）に編入された際、国民革命軍第八路軍として編入された時のもので、八路軍は通称。現在の中国人民解放軍の母体の一つ。

このベトミンは、共産党を主体としながらも、ベトナムの独立を目指す民族主義運動の各派をも取り込んだ形の共闘戦線で、実質的な指導者はインドシナ共産党の創設者でもある阮愛国が務めていた。

しかし、彼らと同じく日本軍との戦いを続けていた中国国民党の総統・蔣介石は、毛沢東らに率いられた国内の共産主義勢力を潜在的な敵と見なしており、その流れを汲む組織がベトナムで生まれるのを容認しようとはしなかった。

一九四二年八月、蔣介石は政治工作のために中国入りしていた阮愛国を「フランスのスパイ」として逮捕し、二か月後の十月には国民党の影響下にある在中のベトナム人を集めて、ベトミンに代わる新たな抵抗組織「ベトナム革命同盟会（同盟会＝ドンミンホイ）」を結成させた。

当時、中国国民党と同盟関係にあったアメリカは、最初のうち蔣介石のつくったドンミンホイをベトナムの反日抵抗運動の中核として認めていたが、日本軍に対する情報収集や不時着した米軍機の乗員救出などに関して、ベトナム国内に基盤を持たない彼らは全く無力であることが判明した。

そこで、アメリカは蔣介石に働きかけ、ベトナム国内への影響力を持つ阮愛国をすぐに釈放し、ドンミンホイの主席に就任させるよう要請する。対米関係の悪化を恐れた蔣介石は、間もなく変名を条件に彼の釈放を受け入れた。

一説には、中国内部でベトナム人スパイの訓練を行っていた張発奎《ちょうはっけい》将軍（第四戦区軍司令官）

による命名ともいわれているが、このような政治的事情により、阮愛国は「胡志明（ホー・チ・ミン：「志明らかなる異邦人」の意）」という新たな名を与えられ、一九四三年九月に柳州《りゅうしゅう》の監獄から釈放されて、ベトナム独立闘争へと復帰した。

ベトミンおよびドンミンホイの指導者として返り咲いたホー・チ・ミンは、阮愛国として彼が行った精力的な祖国再興運動を知るベトナムの民衆からも好意的に迎えられ、名実共にベトナム解放運動を牽引する指導者としての信望を高めていった。

アメリカと中国は共に、交戦国である日本に対する有効な武器として、ベトナムの民族運動を利用しようと考えていた。一方、両国が自らに期待する政治的役割を充分に理解していたホー・チ・ミンは、当面の間は目立った動きをせず、ベトナム国内でのベトミンに対する支持基盤の構築を優先する方針をとり続けた。

そして、日本の敗色が濃厚となりつつあった一九四五年三月、仏領インドシナでは新たな大事件が発生する。

実質的なインドシナの支配者である日本軍がクーデターを起こし、在インドシナのフランス植民地権力を解体に追い込んだのである。

フランス統治時代の黄昏

大日本帝国の降伏とベトナムの独立宣言

一九四五年三月九日の夜、ベトナムに駐留する日本軍部隊は、突如として現地のフランス軍に対する全面攻撃「明号作戦」を開始した。

日本軍の総兵力約四万人に対し、フランス軍は現地兵を含めて約九万人と、数的にはフランス側が優位に立っていたものの、奇襲攻撃による混乱で算を乱したフランス兵は次々と武装解除され、翌日の午後にはベトナム全土が日本軍の支配下に入った。

この時期に日本軍がインドシナ半島からのフランス勢力の排除を図った背景には、一九四四年十月にフィリピンへと上陸した米軍部隊が、そのままインドシナ半島へも手を伸ばすのではないかという危機感の増大があった。フランス本国の首都パリも、一九四四年八月に米軍と共に進撃してきたシャルル・ド＝ゴールの自由フランス軍によって解放されており、フランス本国はすでに連合国の一員としてドイツと戦い始めていた。

もし、米軍部隊の上陸に呼応して、ベトナムのフランス軍が武器を持ったまま連合国側に寝返る事態が発生したなら、兵員数で劣る日本軍がインドシナ半島を守り抜ける可能性は皆無に等しかった。そのため、機先を制して彼らの武力解除を行うことで、連合軍との決戦に備えようと考えたのである。

フランス軍の武装解除に成功した日本軍は、二日後の三月十一日に名目的なベトナムの独立を宣言し、フランス支配下で帝位に就くことを許されていた阮朝の第一三代皇帝・保大（バオダイ）を傀儡の国家元首として登用した。インドシナ半島の残る二国カンボジアとラオスもまた、日本軍の実質的な統治下で三月十二日と四月八日に独立し、フランスのインドシナにおける支配体制は完全に取り除かれた。だが、米軍のB—29爆撃機による激しい空襲で、国内の主要都市が焦土と化しつつあった日本政府にとって、インドシナ半島の支配権など、もはや些細な出来事にすぎなかった。

一九四五年八月六日に一個目の原爆が広島に投下され、三日後の八月九日にソ連が対日宣戦布告を行って満洲領内への侵攻を開始すると、ホー・チ・ミンは日本の敗北が決定的になったと確信し、かねてより準備していた革命政権樹立のための政治工作を開始した。

彼はまず、八月十三日に開催されたインドシナ共産党の全国大会で全国的な反日蜂起の実施を決議し、日本政府の降伏翌日の八月十六日には北部山岳地帯の街タンチャオで「ベトナム民族解放委員会（八月二十九日に「ベトナム民主共和国暫定政府」と改称）」と呼ばれる臨時政府の創設を宣言、自ら国家主席に就任するのと同時に、現在もベトナム国旗として使用されている金星紅旗を新国家の国旗として採用すると発表した。

ベトナムのサイゴンでイギリス軍に降伏する日本軍将兵。日本の降伏後、ベトナムにはかつての宗主国・フランスが戻ってきた。

大戦末期からの慢性的な飢餓に苦しんでいたベトナムの民衆は、米を携えて各地を廻るベトミンの宣伝部隊を「救国の英雄」として歓呼の声で迎え、ベトミンの勢力範囲は瞬く間に広がっていった。日本の敗戦から四日後の八月十九日には北部の都ハノイがベトミンの支配下に入り、二十三日には中部のフエ、二十五日には南部のサイゴンにもベトミン主導の統治組織が誕生した。

フエ王宮の[*5]キエンチュン（建中）楼《ろう》で情勢を見守っていた保大帝は、新たな内乱を避けるためにベトミンによるベトナム統一構想を受け入れる決断を下し、八月二十五日付で退位声明を発表すると共に、帝王の印鑑類をベトミン代表者の手に引き渡した。

これを受けて、ホー・チ・ミンは九月二日、ハノイのバーディン広場に集まった五〇万人もの大群衆を前に、ベトナムの独立宣言を読み上げた。

「我々は、一世紀にわたって縛られてきた鎖を断ち切り、ベトナムの独立を勝ち取った。十世紀あまり続いた君主制度を廃し、民主共和国を建国した。我々はもはや、帝国主義フランスとの従属関係から完全に解き放たれ、過去のベトナムがフランスと結んだあらゆる条約、フランスがこの地で享受してきたあらゆる特権は失われた。

ベトナム国民は、自由と独立の権利を守るためならば、全ての者が物心両面であらゆる力を注ぎ込み、その生命や財産をも犠牲に供することを厭わないであろう」

フランス軍のベトナム再占領

ホー・チ・ミンの演説は、感情を露わにすることのまれな北部ベトナムの人々を熱狂させたが、その内容を知ったパリのフランス政府は激怒した。

連合軍によるフランス解放と共に、臨時政府の主席となったド＝ゴールは、日本が降伏した翌日の八月十六日には早くも統治権の回復を目指してインドシナへの軍隊派遣を決定し、現地組織の人事まで決定済みだったからである。

大日本帝国に無条件降伏を要求する「ポツダム宣言」では、在ベトナム日本軍の武装解除に

＊5　**キェンチュン（建中）楼**＝フエのグエン朝王宮の中の、皇帝の政務や生活の場だった紫禁城の区画にあった建築物。一八二四年に建てられた明遠楼を、第一二代皇帝・啓定帝が一九二三年に煉瓦造りのバロック建築に改築した際に建中楼と改名した。現在は失われている。

ベトナム独立の指導者となったホー・チ・ミン（右）。1945年のハノイで撮影された写真で、左の人物は後に軍事作戦を統括指揮するボー・グェン・ザップ。

ついて、北緯一六度以北を中国軍が、それより南をイギリス軍が行うことで合意されていたが、統治権の移管などについては触れられてはおらず、ホー・チ・ミンが独立を宣言した九月に入ってもなお、連合国の政府間では意見対立が続いていた。

アメリカと中国国民党政府は当初、ベトナムを独立国家として認める意向を示していたが、「インドシナ連邦」としてのフランスの宗主権回復を強硬に主張するフランスとイギリスの抵抗に遭うと態度を改め、米中両国によるベトナム民主共和国政府の正式な承認は見送られることとなった。米英仏三国と中国国民党は、共産主義勢力には積極的に与しないという政治的立場においては、利害が一致していたからである。

そのような大国間の駆け引きを見たホー・チ・ミンは、米中の支援が期待できない状況でフランスと正面から対決したのでは勝算が薄いと判断し、独立の既成事実構築の方便として、ベトナムをフランス連合内の構成国家として独立させてはどうかという新たな妥協案をフランス側に提示する。

大国フランスへの屈服とも受け取れるこのような恭順策は、当然のことながら暫定政府内の共産主義勢力と民族主義勢力の双方からの激しい反対意見に晒された。

だが、ホー・チ・ミンは、近い将来の完全独立を見越した大局的見地からの判断であることを力説し、むしろ北部地域へと我が物顔で進駐してきた一八万人におよぶ中国国民党軍の大兵力こそ警戒すべきだとして、次のような言葉で反対者を説得した。

「中国人の糞を一生喰らうよりは、フランス人の糞をしばらく嗅ぐほうがまだましだ」

一九四六年二月二十八日、ベトナム北部へのフランス軍進駐を認める協定が中国とフランスの間で調印されると、北部に進駐していた中国兵は次々と本国に退去し、ホー・チ・ミンは三月六日、フランスの高等弁務官サントニーとの間で「ベトナム全域をフランス連合内の自由国として独立させる」との予備協定を取り交わした。これにより、ホー・チ・ミンの思惑は成功したかに見えた。

だが、喜ぶのはまだ早かった。

南部地域のフランス諮問委員会代表者セディルは、この予備協定を完全に無視し、三月二十六日にはベトナム南部のコーチシナを「フランス支配下の独立国として分離・独立させる」との声明を発表したのである。

こうして、ホー・チ・ミンが夢見たベトナムの統一構想はもろくも崩れ去り、南部の利権を取り戻したフランスは北部のトンキンでも支配権回復の口実を見つけるべく、工作員を暗躍させた。

一九四六年八月二十九日、ハイフォン港で逮捕された中国人の身柄をめぐり、フランス軍とベトナム税官吏との間で武力衝突が発生したことがきっかけとなり、ハイフォンの市内ではフランス軍とベトナム当局者による小競り合いが頻発した。

そして十一月二十日、ハイフォン港で一隻の小さな密輸船の臨検をめぐって大規模な銃撃戦が発生すると、サイゴンのフランス高等弁務官はこれを要港ハイフォン制圧の大義名分になると考えて、港の明け渡しを要求する最後通牒をベトナム側へと送付させた。

三日後の十一月二十三日午前九時四五分頃、フランス軍砲兵隊は、明け渡し要求に従わないハイフォンのベトナム人居住地に対する砲撃を開始、間もなく海軍の艦砲射撃もこれに加わり、概算で六〇〇〇人近いベトナム人が炎上した廃墟の中で死亡した。

もはや交渉による問題解決の可能性は失われ、ホー・チ・ミンとベトナム独立勢力に残された道は一つしかなかった。フランスに対する全面戦争の開始である。

インドシナ戦争の勃発

フランスの政治的空白が生んだ戦争

ハイフォンに対するフランス軍の砲撃事件は、ベトナム―フランス間でのインドシナ戦争を引き起こす直接的なきっかけとなったが、皮肉なことに、そのような事件の発生に最も驚いたのは他ならぬパリのフランス政府だった。

当時のフランス政界は、十一月十日の総選挙に前後して国内の政争に忙殺されており、インドシナ植民地での事態の急変に対処する余裕を持っていなかったからである。

事件発生から一九日後の十二月十二日、左派社会党のレオン・ブルムが新首相に指名されたが、ブルムはその数日前に「フランスのインドシナ権益を護る最良の手段は、ベトナムに独立を認めて、その政権と緊密な友好関係を結ぶことだ」との考えを党の機関紙で発表していた。従って、もしハイフォンでの紛争があと一か月遅く発生していたなら、インドシナの歴史は大きく変わっていたかもしれなかった。

しかし、フランス首相職が事実上空位だった約一か月の間に、現地の高等弁務官や強硬派の軍人たちは独断で問題解決の手段を実行に移しており、インドシナの紛争はフランス本国政府のあずかり知らぬ所で最後の一線を踏み越えてしまったのである。

一九四六年十二月十九日、ブルム政権の海外相ムーテは現地の紛糾を鎮めるためにパリを出発したが、もはや手遅れだった。同じ日の午後八時、現地のフランス軍は治安確保を名目にハノイに対する武力攻撃を開始し、翌十二月二十日の午後四時頃にはホー・チ・ミンの官邸がフランス兵に占領され、建物にはフランス国旗である三色旗が掲げられた。

体調不良で寝込んでいたホー・チ・ミンは、間一髪で脱出に成功したが、度重なる裏切りに怒りを爆発させた彼は、その日のうちに対仏戦争の開始と、その戦いへのベトナム全国民の参加を呼びかける声明文を発表した。

「ベトナム全土の同胞よ。私は、平和を愛するがこそ、度重なる譲歩を受け入れてきた。だが、譲歩すればするほどフランス植民地主義者は我々の権利を踏みにじってきた。もはや、これを許すわけにはいかない。同胞よ、立ち上がってほしい。男も女も、子供も老人も、宗教、政党、人種に関係なく、祖国を救う闘争に加わってもらいたい。時に苦しい生活に追いやられることがあっても、その苦しさがどれほど耐え難いものであっても、あらゆる犠牲を払う覚悟をしてもらいたい。我々は、必ず勝利する」

ザップ将軍とベトナム人民軍の登場

インドシナ戦争が勃発した一九四六年十二月当時、インドシナ半島では約一万五〇〇〇人のフランス遠征軍と、約六万人のベトナム軍兵士が対峙していたが、銃火器や火砲などの装備ではフランス軍が圧倒的に優れており、ベトナム軍は国民党軍や日本軍が使っていた旧式の小銃とわずかな軽機関銃しか保有していなかった。

そして、フランス国内の世論は、ハノイでの衝突発生を機に、フランス軍による実力行使の支持へと大きく傾いた。わずか五か月で退陣したブルムに代わり、新たに首相の座に就いたポール・ラマディエは、ホー・チ・ミン政権との対話の窓口を閉ざし、戦争開始の直後から大量の増援部隊をインドシナに送り込み、一九四七年五月にはその総兵員数も一一万五〇〇〇人（うちフランス本国兵は五万）にまで増加した。

兵員数と銃火器の性能、弾薬量、兵士の練度や交戦意欲など、あらゆる点で優位に立つフランス軍は、各地でベトナム軍を圧倒して主要都市を次々と占領していった。開戦から三か月後の一九四七年二月八日にはフエが、二月十八日には首都ハノイが陥落し、ホー・チ・ミンの政府はベトナム軍の残存部隊と共に、地形の険しい山間部への撤退を余儀なくされた。

一方、ベトナム軍の総司令官を務める武阮甲（ボー・グェン・ザップ）は、彼我の戦闘能力の差を認識して正面からの交戦を避け、ベトナムの地形を最大限に活用したゲリラ戦を地道に展開する戦略で、長期戦を戦い抜く覚悟を固めていた。

交戦国フランスのみならず、後に世界最強の軍隊であるアメリカ軍にも畏怖されることになるベトナム軍（ベトナム人民軍）の原型となる組織が誕生したのは、ホー・チ・ミンが米中両国に気を遣いながら国内でのベトミン支持派を増やす工作を進めていた一九四四年のことだった。ホー・チ・ミンの側近の一人として武装組織の編成を任されていた元歴史教師のザップは、自らは一度も正式な軍事訓練を受けた経験がなかったが、ベトミン支持派の民兵組織の中から三四人を選抜して、同年十二月二十二日に「ベトナム解放武装宣伝隊」と呼ばれるゲリラ部隊を編制させた。

当時、ホー・チ・ミンがザップに与えた結成指示書によると、この「武装宣伝隊」の活動内容は次のように規定されていた。

「第三項　戦術面では、秘密に、迅速に、そして常に主導的に『今日は東、明日は西と神出鬼没で、来るに影なく（来無影）、去るに形なし（去無形）』を保持し続ける遊撃戦法を運用し続けるべし」

その後、第二次世界大戦の終結と日本軍の武装解除によって、ベトナム軍は旧式の余剰兵器をある程度入手して部隊規模を拡大することができたが、弾薬や交換部品などの近代的な補給システムを持たない彼らにとっては、個々の兵士が携える手持ちの物資が全てであり、必要に応じて軍需物資を本国から補給してもらえるフランス軍との間で長期戦を戦い抜くためには、安定した武器弾薬の供給ルートを確保する必要があった。

だが、大国フランスに敵対する形で、国際的な承認すら受けていない弱体なホー・チ・ミン政権に武器を供給してくれる国を見つけることは、きわめて難しかった。

そんな時、彼らの窮状に光を投げかける出来事が、北の隣国・中国で発生する。

毛沢東率いる中国共産党勢力が、蔣介石の国民党との内戦（国共内戦）に勝利して、中国全土の支配権を握ることに成功したのである。

中国の共産化と東西冷戦の始まり

インドシナ戦争勃発から一年半後の一九四八年六月五日、フランスの新たなインドシナ高等弁務官ボラエールは、中国に亡命していた保大帝と会談を持ち、フランス政府はベトナムのフランス連合内での独立を認めるという共同声明を発表した。

第二次世界大戦末期の日本軍と同様、フランスのラマディエ政権もまた、特定の政治色に染まっていない保大を傀儡として登用することで、ベトナム人の反発を和らげ、ベトナムの政治を背後から支配しようと考えたのである。

だが、最も重要な争点である国防と外交に関する主権の所在がぼかされたこの声明に、ベトナム国民の支持が集まることはなかった。フランスは、外交による紛争解決の糸口と成り得たかもしれない最後の機会を、植民地に対する未練の感情から台無しにしてしまったのである。

しかも、フランスがこの時に打ち出した、保大を国家元首とするベトナム新政府の構想（一九四九年六月正式に発足）は、後にベトナム国内での深刻な政治的分裂を引き起こす要因となってしまう。

ラマディエ政権が「死に体同然」と見限ったホー・チ・ミン政権が、中国という強力な後ろ盾を得て勢力を盛り返し始めたからである。

一九四九年十月一日、中国全土で繰り広げられた国共内戦が共産党勢力の勝利と共に事実上終結し、北京で「中華人民共和国政府」が樹立されると、新政府の国家主席となった毛沢東は、隣国ベトナムのホー・チ・ミン政権に対する全面的な後援を決定した。

間もなく、大量の中国製兵器と弾薬が北部の国境線を越えてベトナム領内へと送り込まれ、二か月後の一九五〇年一月には中国とソ連の両国政府が、ホー・チ・ミン政権を正当なベトナムの政府として承認すると発表した。

この、共産主義国家二国によるホー・チ・ミン政権の外交的承認は、インドシナ半島をめぐる植民地の独立戦争を、当時すでに地球規模で始まりつつあった東西冷戦の代理戦争へと変質させる重要なきっかけとなった。

この発表から二か月後、西側連合国の盟主アメリカとイギリスは、フランスが拵《こしら》えた保大政権をベトナムの正当な政府として承認した。かつてベトミンの後見人的立場にあったアメリカは、この時を境にホー・チ・ミンを「敵」と見なすようになり、中国とソ連の動きに対抗するようにして、フランスへの肩入れを強めていった。

一九五〇年五月、アメリカのトルーマン大統領は「フランスへの援助を拒めば、東南アジア全域へと共産主義が拡大する」として、フランスに対する三〇〇〇万ドルの軍事援助と二三〇〇万ドルの経済援助を行うと発表した。翌六月には、最初の米軍事顧問団がサイゴンに到着し、保大政権下で編成された親仏ベトナム軍約一〇万人に装備させる銃火器や火砲、航空機などのアメリカ製兵器の積み出しも開始された。

しかし、アメリカからの本格的な軍事支援を受けるようになったフランスは、もうすでにインドシナ戦争で手詰まりの状況に陥っていた。

二〇〇〇万の国民が住む広大なベトナムを、わずか一二万人足らずのフランス軍人で制圧しようとする基本戦略が破綻し始めていたのである。

ディエンビエンフーの戦い

フランス軍のベトナムでの戦略転換

開戦から数か月の間に、ベトナム国内の主要都市を支配下に置いたフランス軍は、それらの都市に強力な軍事拠点を築き、周辺地域に潜む敵のゲリラを各拠点に誘引して攻撃を仕掛けさせ、組織的な反撃によって各個に撃破してゆく作戦を採用していた。

初めのうち、この誘引作戦は大きな効果を上げ、交戦で戦力をすり減らしたホー・チ・ミン軍の残存部隊は、態勢を立て直すべく北部山岳地帯への撤退を余儀なくされた。

一時的に戦略的優位を確保したフランス軍は、山岳に逃げ込んだ敵の指導部にとどめの一撃を加えれば戦争に勝てると確信し、一九四七年十二月にホー・チ・ミン軍の集結する北部山岳のベトバック地方への総攻撃を開始する。

だが、ザップ率いるベトナム軍は険しい山岳地形を最大限に活用してフランス軍の攻撃から逃れることに成功し、ベトバックへの侵攻作戦はフランス側の期待した戦果を挙げられぬまま翌月には中止に追い込まれた。

絶好の勝機を逃がしたフランスは、これ以後も従来通りの方法で主要都市の占領を続けたが、ベトナム国民の間でホー・チ・ミン支持の動きがさらに高まると、都市間の物資輸送を行うフランス軍のトラックが反仏ゲリラの襲撃に晒されるようになり、フランスは積極的な敵への打撃を意図した攻勢戦略から、対ゲリラ戦を主眼とする防勢持久戦略への方針転換を強いられていた。

また、フランス人の死傷者数が増大するにつれて、国内では厭戦ムードが広まり、誇るべき明確な戦果のないゲリラ相手の消耗戦を続ける前線兵士の士気も次第に低下していった。戦費の増大は、フランスの国家財政を逼迫し始め、現地の司令部は状況打開に向けて新たな戦略の立案を迫られた。

一九五三年五月、インドシナ派遣軍の総司令官に着任したアンリ・ナヴァール将軍は、現地の状況を検討した末に「ナヴァール計画」と呼ばれる基本戦略をまとめ上げた。

それによると、フランス軍の精鋭部隊をハノイ周辺の重要戦区に集中して攻撃作戦を行わせ、戦争の主導権を取り戻すのと同時に、ベトナム国内の情勢に刺激されて不穏な動きのあるラオスおよびカンボジアの反仏勢力とホー・チ・ミン政府の連絡を分断し、インドシナ半島全域への抗仏戦争の拡大を防ぐことが当面の課題として挙げられていた。

一方、ラオス国内で抗仏闘争を展開する左派勢力「パテト・ラオ」と、カンボジアの独立派組織「クメール・イサラク」は、ホー・チ・ミンにとっては単なる同盟者という以上の重要性を持つ必要不可欠な存在だった（両組織については第六章で後述）。

北部山岳地帯に本拠を置くホー・チ・ミン政権が、中部および南部のゲリラ部隊に武器弾薬を供給するためには、彼らの協力の下で、ベトナムと長い国境を接するラオス・カンボジア東部を縦断する補給線（後の「ホーチミン・ルート」）を維持することが不可欠であり、この補給線の途絶はベトナム中南部における武力闘争が事実上の活動停止に追い込まれることを意味していたからである。

こうして、戦争勃発から七年が経過した一九五三年の秋、仏越双方の視線はベトナムとラオスを結ぶ回廊の高原地帯へと向けられた。

そして、戦略的に重要な意味を持つようになったこの地域の中枢に存在していたのが、鎮辺

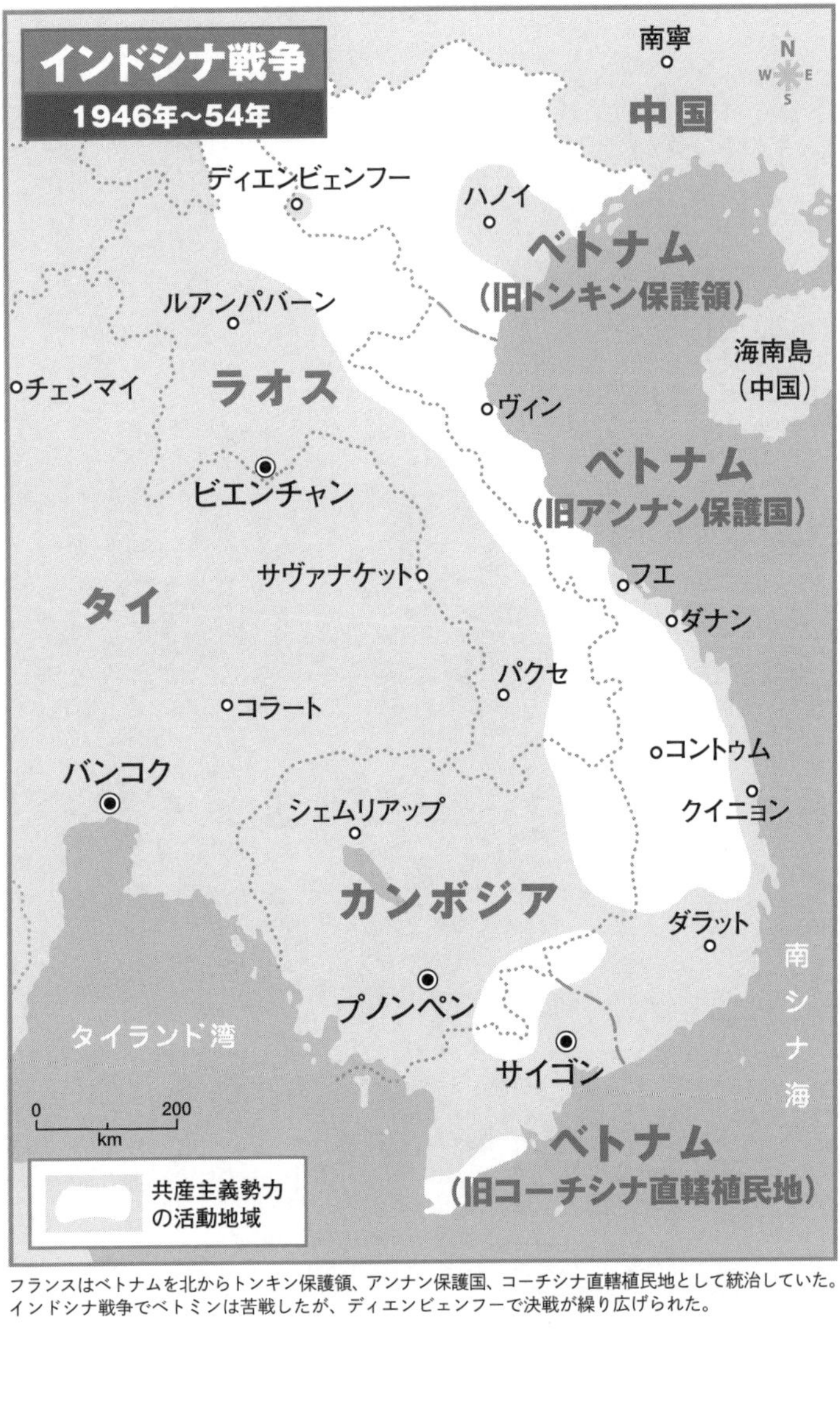

フランスはベトナムを北からトンキン保護領、アンナン保護国、コーチシナ直轄植民地として統治していた。インドシナ戦争でベトミンは苦戦したが、ディエンビエンフーで決戦が繰り広げられた。

府（ディエンビェンフー）という名の小さな古都だったのである。

ディエンビェンフー攻防戦

一九五三年の十一月二十日から二十二日にかけて、現地駐留軍の最精鋭部隊である第1外人部隊落下傘大隊（ＢＥＰ）を含むフランス軍の六個落下傘（パラ）大隊が、先遣隊としてディエンビェンフー周辺への空挺降下を開始し、同地にあった旧日本軍の滑走路を整備して空輸拠点を設営した。

周囲を山に囲まれた盆地の中央部に位置するディエンビェンフーには、間もなく開始された本格的な空輸によって大量のフランス兵と重火器が運び込まれ、わずか一〇日のうちに約一万三〇〇〇人のフランス兵と二八門の重砲、アメリカ製Ｍ24戦車一〇両などが展開する一大軍事基地へと姿を変えていた。

ベトナム―ラオス間の連携阻止を目指すフランスにとって、要塞化されたディエンビェンフーは、ベトナム軍のラオス領内への移動経路を脅かす頑強な障害となるはずだった。当然、敵はこの障害を取り除くために兵力を集中して、決戦を挑んでくるに違いない。

しかし、守備隊の司令官クリスティアン・ド＝カストリ大佐とその幕僚たちは、一九四〇年当時のフランス軍首脳部と同様、敵の機動力を過小評価する過ちを犯してしまう。

彼らは、木々の生い茂る山岳地帯に陸路から重火器を持ち込むことは不可能という固定観念に囚われ、砲撃支援を伴わない敵歩兵のディエンビエンフーへの突撃など簡単に阻止できると考えていた。だが、ベトナム軍の山中での作戦能力は、フランス軍指導部の予想をはるかに上回っていた。彼らは人力のみで長い時間をかけて大量の火砲と弾薬を周囲の山頂まで引きずり上げ、ディエンビエンフーの盆地を包囲することに成功したのである。

十一月二十六日、スウェーデンの新聞記者から取材を受けたホー・チ・ミンは、フランスが休戦を望むならば和平交渉を開始してもよいと公言した。

この時点で、ベトナム軍は中国製武器だけでなく、一九五〇~五三年の朝鮮戦争で中国軍が捕獲したアメリカ製の一〇五ミリ榴弾砲などの重砲をも手に入れていた。部隊の編制内容も、一九五一年以降、ゲリラ戦主体の独立連隊編制から、正規戦を想定した三個連隊構成の師団編制へと改編が進められており、前線兵士の戦意低下に悩んでいたフランス軍とは対照的に、ベトナム軍は純軍事作戦を遂行するのに必要な能力を備えた正規軍へと成長していたのである。

一九五四年三月十三日の午後五時過ぎ頃、ディエンビエンフーのフランス軍陣地に対するベトナム軍の猛烈な砲撃が開始された。

フランス側も、ただちに重砲列を敷いて反撃砲火を開始したが、盆地の平原から山中に潜むベトナム軍の砲座を特定することは容易ではなく、ベトナム側は砲撃戦で圧倒的優位に立ちながら、徐々に包囲環を狭めていった。

ディエンビエンフーの戦いに勝利した後、フランス軍陣地の上で勝利を喜ぶベトナム軍の兵士。

ナヴァールは、空輸物資と増援の外人部隊をパラシュートで降下させたものの、もはや劣勢を覆すことはできなかった。五月六日深夜に開始された、ベトナム軍歩兵部隊の総攻撃によって、ディエンビエンフーの要塞は事実上陥落し、三日後の五月九日には最後のフランス兵が武器を捨てて降伏した。

フランス側はこの戦いで、一五〇〇〇人の死者と四〇〇〇〇人の負傷者を出し、生き残った約一万人もそのほとんどが捕虜収容所で息を引き取った。ベトナム側の損害も、死傷者合わせて約二万人を超えていたが、双方の補充能力を考えれば、勝敗は明らかだった。

フランスは、インドシナ戦争の帰趨を決する最も重要な戦いに敗れたのである。

フランスの退場とアメリカの登場

ディエンビエンフーでの敗北は、フランス政府と国民に大きなショックを与え、これ以上の継戦への意欲を失ったフランス政府は、ホー・チ・ミンの呼びかけに応えて和平交渉を開始した。

だが、和平に向けた国際会議の実質的な主導権は、当事国であるフランスでもベトナムでもなく、インドシナ戦争を陰で支え続けた三つの大国――アメリカ、中国、ソ連によって握られていた。彼らは、ベトナムの独立戦争として始められたこの戦争の終結プロセスを、東西冷戦における自国の形勢を有利にするために利用しようと考えたのである。

このような大国の介入は、一方の当事者であるフランスにとっては、もはやどうでもよいことだった。ディエンビエンフーでの敗北とほぼ時を同じくして、北アフリカの植民地アルジェリアでも新たな対仏独立闘争が活発化しており、フランス政府にはインドシナ問題に関与し続ける余力も熱意も、残されていなかったからである。

フランスとしては、一刻も早くベトナムの泥沼から足を引き抜きたかった。そのため、大国主導による和平案が具体化すると、彼らは自らが担ぎ上げたはずの保大帝の正統性を保証することもしないまま、その案に飛びついたのである。

一九五四年七月二十一日、スイスのジュネーブで、インドシナ半島における軍事作戦の停止

1954年7月21日のジュネーブ会議。手前にいるのがベトナムの代表団。インドシナ戦争は終結したが、それは永続的な平和の到来を意味しなかった。

を規定する協定が調印された。

それによると、ベトナムは北緯一七度線のベンハイ河を休戦ラインとして北側をホー・チ・ミン政権、南側を保大政権がそれぞれ暫定的に管轄し、二年後にベトナム統一に向けた総選挙を全土で実施することが定められていた。

しかし、インドシナ戦争の終結を宣言するこの協定は、ベトナムにおける新たな戦争の導火線でもあった。

ホー・チ・ミンを首班とする共産主義国家がベトナムに誕生することを快く思わないアメリカは、この協定への調印を拒否して、フランスに見捨てられた保大政権の首相ゴ・ジン・ジエムを拾い上げ、彼を東南アジアにおける反共の闘士として利用する道を選び取ってしまう。

ベトナム民族派の有力者として名を馳せていたジエムは、政治的影響力を失った保大に代わって南ベトナムの大統領に就任した後、ジュネーブ協定で定められた統一選挙の実施を拒絶し、アメリカの軍事援助を受けながら、北のホー・チ・ミン政権に対する戦争の準備を着々と進めていった。

インドシナ戦争で南北に分割されたベトナムは、ひとときの平和を享受した後、さらに過酷で熾烈な戦い――「ベトナム戦争」に向けて、ゆっくりと動き出したのである。

第五章

ベトナム戦争　1965〜1975

インドシナ戦争後、ベトナムの共産化を危惧したアメリカが南ベトナム政権の支援に乗り出し、やがて直接介入に及んだことから、ベトナムは再び戦火に包まれた。西側の盟主アメリカと、東側のソ連と中国の支援を受ける北ベトナムとの間で、先の見えない泥沼のような死闘が展開された。「大義なき戦争」にアメリカはなぜのめり込んでいったのか？

また、アメリカが歴史上初めて経験した「敗北」は、世界に何をもたらしたのか？

アメリカが初めて経験した「敗戦の屈辱」

世界最大の軍事力を持つ超大国アメリカは、これまで経験した多くの戦争で「勝者」の側に身を置いていたが、いくつかの戦争や紛争では実質的な「敗者」として、不本意な形で戦場を立ち去ることを強いられていた。

その中でも、米軍の組織内に最も大きな後遺症を残した「敗北」が、東西冷戦下の東南アジアで繰り広げられたベトナム戦争だった。

インドシナ戦争の終結と共に、南北二つの国家に分断されたベトナムは、ドイツと朝鮮半島に続く、三つ目の「東西冷戦がもたらした分断国家」となった。そして、東側の中国とソ連に支援される北ベトナムは、ホー・チ・ミンを支持する南ベトナム国内のゲリラと共闘し、アメリカやイギリス、朝鮮戦争で国連軍に助けられた返礼として派兵した韓国などの強大な西側多国籍軍を相手に、神出鬼没の戦いを繰り広げた。

米軍は、ヘリコプターやナパーム弾などの近代兵器を大量に投入し、軍事的には圧倒的な優位を得ていたはずだった。しかし、北ベトナム軍と南ベトナムの共産ゲリラ兵は、地形を利用して粘り強く抵抗を続け、ジャングル戦に不慣れなアメリカ兵を消耗させていった。

そして、明確な大義のない戦いは、アメリカ兵の軍紀紊乱《びんらん》と、米国内での市民による反戦運動を引き起こし、軍事的にも政治的にも勝算がなくなったと悟った米政府は、八年にわたるべトナム戦争から手を引く決断を下したのである。

それでは、インドシナ戦争の終結でいったん戦火が収まったはずのベトナムにおいて、なぜ新たな戦争が発生したのか。ホー・チ・ミンを指導者とする北ベトナム軍は、米軍という巨大な敵とどう戦ったのか。そのアメリカは、いかなる理由でベトナム戦争に介入し、米軍とその同盟国の軍隊は、どんな軍事作戦をベトナムの共産主義勢力との間で展開したのか。

そして、ベトナム戦争の発生と終結は、地球規模での東西冷戦というパワーゲームに、どのような影響をもたらしたのだろうか。

ベトナムの南北分裂と東西冷戦の激化

ジュネーブ会議をめぐる暗闘

一九五四年五月八日、インドシナ戦争の調停と戦後処理を話し合うための国際会議が、スイスのジュネーブで開催された。

討議に参加したのは、フランス、アメリカ、イギリス、中国、ソ連の五大国に加え、当事国であるベトナムに樹立されていた二つの政権（北部のベトミンと南部の保大《バオダイ》）およびラオス・カンボジアの両王国政府（親仏）から派遣された代表者だった。

最初の一週間は、紛争解決の全体的な枠組みについての話し合いが行われたが、各国の利害が複雑に入り組んだ状況では、全参加者を納得させられる提案が採択されるはずもなく、行き詰まりを打開するための方策として、紛争を構成する部分的要素についての個別会談や非公式会談が、参加国代表者の間で繰り返し進められた。

しかし、ベトナム国内の停戦に関する話し合いとラオス・カンボジア問題（第六章で後述）を関連させるべきだとする中国およびベトミン側と、これらを切り離した形で交渉を進めたいフランス側との溝は、会議を重ねても埋まらなかった。

会議の議長を務めたイギリス外相アンソニー・イーデンは、六月十日に「このままでは会議の失敗を世界に向かって認めねばならなくなる」として、参加各国への自制を呼びかけた。しかし、これらの参加国の中には、ジュネーブ会議の席上で外交的手段によってインドシナ情勢の今後の枠組みが決定されるという方式自体を快く思わない国が存在した。

実質的なフランスの後援者としてインドシナ戦争に関与したアメリカ合衆国である。

第二次世界大戦末期のローズヴェルト大統領時代、米政府はインドシナにおけるフランスの植民地経営に対して批判的な態度をとり続けており、ローズヴェルトは一九四四年三月十七日、人道主義的な立場からフランスの態度を厳しく糾弾していた。

「フランスはインドシナを植民地にしてから何か発展させたことがあったか。あの国は、一〇〇年前より悪くなっているではないか。インドシナにおける白人の統治には誇るべきものが全く何一つとしてない」

だが、第二次世界大戦の終結と共に、ソ連を中心とする共産主義国家との間で東西冷戦の構図が形成され始めると、ローズヴェルトの後継者ハリー・トルーマンは事実上の敵国であるソ連の勢力拡大に危機感を覚えるようになり、それまでの人道主義的な判断を捨てて、「対ソ連封じ込め」（トルーマン・ドクトリン）という国際戦略上の枠組みの中で、ヨーロッパやアジア諸国の問題に関与するようになっていった。

フランスに批判的だったローズヴェルトの談話から六年後の一九五〇年五月九日、ディーン・アチソン米国務長官は、次のような声明を発表して、インドシナ戦争を戦うフランスへの全面的な支援を約束した。

「アメリカ政府は、ソ連帝国主義の支配する地域においては民族の独立や民主的発展は存在しないことを確信し、また現在の事態に鑑みてインドシナ諸国およびフランスに対して経済的・軍事的援助を供与すべきである」

米国内での反共気運の高まり

米政府のこのような政策転換が国内で広く受け入れられた背景には、一九四九年九月二十二日に実施されたソ連最初の原爆実験の成功と、その翌月に起こった中国全土の共産化（中華人民共和国の成立）に対する危機感が存在していた。

ソ連軍の大型爆撃機による米本土への原爆攻撃の可能性が生まれたことで、アメリカ国民の関心は、世界各地における共産主義勢力の躍進ぶりに注がれることとなった。東西冷戦の状況下で、米政府は、ソ連と東側陣営の脅威から自由主義勢力を守るリーダーとしての役割を、自国民から期待されるようになったのである。

一九五〇年六月二十五日に朝鮮戦争が勃発し、同年十月に中国からの義勇軍が北朝鮮側に立って介入すると、アメリカ国民の危機感はさらに増大し、国内ではマッカーシー上院議員らによって徹底的な「赤[*1]（親共産主義派）狩り」旋風が沸き起こった。

当時の米国内では、共産国家・中国は独立した勢力ではなく、東ドイツやブルガリアなどと同種の「ソ連の衛星国」と見なされていたため、朝鮮で戦う米軍は「対ソ連の防波堤」として自国民からの支持を受けながら戦ったのである。

*1　**赤狩り**＝国内の共産主義者や社会主義者、その同調者を逮捕・追放し、排斥する行為のこと。同種の行為は一九三〇年代の日本やドイツなどでも行われた。冷戦下のアメリカでは政府関係者だけでなく、ハリウッドの映画関係者や役者、ジャーナリストなど幅広い人々が「共産党シンパ」の濡れ衣を着せられて排斥された。アメリカでは、ジョセフ・マッカーシー上院議員が主導したため「マッカーシズム」とも呼ばれる。連合軍占領下の日本でも、「レッド・パージ」と呼ばれる共産主義同調者の排斥運動が行われた。

そして米政府は、冷戦に本腰を入れるため、一九五一年九月八日に日本との間で第二次世界大戦の講和条約（いわゆるサンフランシスコ条約）を締結し、極東方面における「対ソ封じ込め」の戦線に、日本列島をも組み入れる決断を下した。

このような流れの中で本格化したインドシナ戦争において、アメリカが「敵（共産主義勢力）の敵」であるフランス側に肩入れするのは、当然の成り行きと言えた。アメリカにとっての目的は、インドシナ半島におけるフランスの利益を護ることではなく、同半島への共産主義勢力の浸透と勢力圏の拡大を阻止することだった。

それゆえ、ソ連と中国が共にベトミン支持の姿勢を打ち出し、インドシナ戦争の戦局がベトミン側の優勢へと傾いてゆくにつれ、アメリカはフランスの継戦意欲の低下とは無関係に、現地のフランス軍への軍需物資の援助を増大させていったのである。

一九五四年三月十三日にディエンビェンフーの攻防戦が開始されると、トルーマンの後任である[*2]ドワイト・アイゼンハワー米大統領は、この孤立した要塞を救援する方策を考案するよう、アーサー・W・ラドフォード統合参謀本部議長に命令した。

ラドフォードは三月二十五日、フィリピン駐留のB－29と第7艦隊の艦載機を投入してベトミン側に大規模な爆撃を行うという試案を作成したが、マシュー・リッジウェイ陸軍参謀総長は、ディエンビェンフーへの軍事的干渉はアメリカを第二の朝鮮戦争へと導くことになるとして反対を表明、アイゼンハワー大統領もその意見に同意した。

ディエンビェンフー要塞の命運がほぼ決した四月二十六日、アイゼンハワーはベトミン側を威嚇する目的で、もし共産主義勢力が攻撃を継続するなら原爆使用もあり得るとほのめかす談話を発表した。だが、戦勝気運に沸くベトミンの指導部には、そのような微妙なニュアンスが伝わることもなく、ディエンビェンフー要塞は五月七日に陥落。これによってインドシナ戦争からのフランスの離脱は決定的なものとなった。

翌五月八日に始まったジュネーブ会議は、紆余曲折を経て、七月二十一日に「ジュネーブ協定」と呼ばれるインドシナ戦争の停戦協定の調印へとたどり着いた（第四章を参照）。

最終的に成文化された「ジュネーブ協定」は、北緯一七度線を境界として暫定的にベトナム国土を南北に分割した上で、二年後に国民投票を実施して、ベトナム統一後の政体をベトナム人自身が決定することを謳っていた。そして、もし「ジュネーブ協定」に定められたような形式での国民投票がベトナムで実施されれば、現状ではベトミン政権の圧勝と共にベトナム全土が統一されることは目に見えていた。

＊2　ドワイト・デビッド・アイゼンハワー（Dwight David Eisenhower：一八九〇年十月十四日～一九六九年三月二十八日）＝テキサス州デニソン生まれ。一九一五年に陸軍士官学校を卒業し、第二次世界大戦では一九四二年六月に欧州戦域連合軍最高司令官に、後に連合軍遠征軍最高司令官として「オーバーロード作戦」を指揮した。アイゼンハワーはいわゆる野戦指揮官ではなく、軍事行政面で管理能力を発揮し、複雑な連合軍内部の調整を行い、連合軍を勝利に導いた。そうした行政能力の高さもあって、戦後の一九五三年に第三十四代アメリカ大統領に就任。トルーマンの「封じ込め戦略」よりも積極的な「巻き返し（ロールバック）戦略」を提唱した。

アメリカとしては、フランスが去った後のインドシナ半島を共産主義勢力の手に委ねることは何としても避けたかった。しかし「ジュネーブ協定」に調印してベトナム全土の共産化を容認してしまえば、それが「ドミノ倒し」のように他の東南アジア諸国へと波及して、親米の自由主義諸国が次々とソ連の影響圏へと呑み込まれる可能性があった。

アメリカにとっての理想的な結末は、ベトナムが朝鮮半島と同様に「共産主義国家」と「親米国家」の二つに南北で分断されたまま、将来にわたって存続し続けることだった。独裁者であれ軍事政権であれ、とりあえず「南」に反共の親米国家を既成事実として作り上げ、ドミノの駒が倒れるのをそこで食い止めてくれればそれで充分だったのである。

そう考えたアイゼンハワー大統領は、ジュネーブ会議の進行を遅らせるべく、非協力的な態度を貫き通した。

そして、ジュネーブ協定の成立でそれが徒労に終わると、彼は「合衆国は会議の決定には参加していないし、これに拘束されるものでもない」（七月二十一日）との捨て台詞を発表し、南部ベトナムの代表者と共に会議の協定文書への調印を拒んだまま、米代表者のスミス国務次官を議場から足早に立ち去らせたのである。

共産国家・中国とソ連の思惑

一方、アメリカ側が「共産主義勢力」として同一視していた中国とソ連の間では、大局的な共闘関係こそ保ち続けてはいたものの、ジュネーブ会議におけるインドシナ半島の戦後処理をめぐる個別交渉では、微妙な利害の喰い違いが表面化し始めていた。

一九四九年十月の中華人民共和国成立から、一貫してベトミンへの支援を行ってきた中国は、ジュネーブ会議の席でも率先して主導的立場を取ろうと試みた。彼らの目的は、ベトナムを南北に分断する形でインドシナ戦争を収束させ、ベトミンがベトナム統一を成し遂げて大きな政治力を持つことを回避した状態で、これまで通り中国への依存を続けさせることだった。

インドシナ戦争の後半期において、中国はベトミン軍の事実上の兵站基地および軍事訓練基地としての重要な役割を果たしており、また個別の作戦遂行に際して中国軍将官の同席や助言を認めさせたケースも少なくなかった。決戦となったディエンビェンフーの戦いでも、中国軍は葉剣英《ようけんえい》を長とする軍事顧問団を現地に派遣して、ベトミン軍の最高司令官ボー・グェン・ザップにあれこれと指図しては疎《うと》まれていたといわれている。

ベトナムでのインドシナ戦争が長引けば、フランスに代わってアメリカが本格的に介入してくることは目に見えていたが、当時の中国にとっての優先課題は国内経済の再建であり、一九五三年に休戦した朝鮮戦争に続いて、豊富な物量と効率的な補給能力を誇る米軍との長期戦を再開することは、可能ならば回避したかった。

つまり、本格的な戦争は避けつつも、ベトミンが中国への依存から脱却することのできないような限定的な緊張状態をインドシナ半島で保ち続けることが、中国政府にとっての理想的な展開だったのである。

一方、モスクワのクレムリン宮殿からインドシナ半島を眺めるソ連政府の首脳部は、中国とは異なる事情を抱えていた。

一九五三年三月五日にこの世を去った独裁者スターリンの後継者として首相に就任したゲオルギー・マレンコフは、それまでの非融和的で強硬な対外政策を一時的に見直すと発表し、第二次世界大戦後では初めてアメリカのジャーナリストに入国を認めるのと共に、三月十五日の就任演説では次のような言葉で新政権の平和主義をアピールした。

「平和的手段で解決されないような紛争問題や未解決問題は、この世に存在しない」

ソ連政府がこのような方針転換を行った背景には、中国と同様、国内経済の再建に占める軍事費の圧迫が存在していた。

米政府内での「共産主義の脅威」に対する危機感の高まりとは裏腹に、当のソ連は依然として、第二次世界大戦期の対ドイツ戦争で生じた徹底的な国土の荒廃からの回復途上にあり、大規模な対外戦争を仕掛けられるだけの余力は持たなかった。

すなわち、公式には「アメリカ帝国主義」を声高に非難していたソ連政府だったが、その内心は、日本を壊滅に追い込んだ巨大な戦時経済を無傷で温存するアメリカとの戦争勃発に対する恐怖によって占められていたのである。

もし、ソ連政府が公式に支持を表明したホー・チ・ミン政権がアメリカとの本格的な戦争に突入した場合、東側のリーダーであるソ連は必然的に、共産主義勢力であるベトミンの同盟者として戦争に関与せざるを得なくなり、そうなると東南アジアでの米ソの衝突がヨーロッパ正面での新たな戦争を引き起こす可能性も高まると考えられた。

ベトナムと朝鮮半島だけに戦力を集中できる中国とは異なり、ソ連は西側諸国と対峙する前線が、ヨーロッパからアジアへと広く展開していた。しかし、このような形で発生する世界大戦に伴う経済的な耐乏生活への逆戻りを、前大戦の後遺症に苦しむソ連国民が受け入れるとは想定できなかった。

そのため、ソ連代表としてジュネーブ会議に赴いたヴャチェスラフ・モロトフ外相は、ひたすらベトミンとアメリカの直接対決を避ける方向で議論をリードし続け、ラオスとカンボジアからベトミン軍を撤退させて親仏政権を認めるという譲歩案を、中国代表の周恩来と北ベトナムのホー・チ・ミン政権（ベトミン）の代表者ファン・バン・ドンに受け入れさせた。

地上戦でフランス軍を圧倒しつつあったベトミンの指導部は、ソ連政府からのこのような圧力に反発したものの、未だ独自の工業基盤を持たないベトミン政権が今後の祖国再興を進めるためには、中ソ両国の支援を失うわけにはいかなかった。

こうして、それぞれの参加国が抱える政治的な思惑に左右されながらも、ジュネーブ会議は一応の成果を残して終了し、インドシナ半島にはつかの間の平和が訪れた。

しかし、この平和は長続きしなかった。後に新たな戦乱を招くことになる火種が、南北に分断されたベトナムのあちこちで、静かに燻り始めていたのである。

南北ベトナムの対立と武力闘争の開始

アメリカが望む南ベトナム反共政権の誕生

ジュネーブ会議の終了から三か月が経過した一九五四年十月二十四日、アイゼンハワー米大統領は、南ベトナムの保大政権で首相を務めるゴ・ジン・ジエムに書簡を送り、南ベトナムに対するアメリカからの直接援助の供与を約束した。

ジュネーブ協定への調印を拒絶したアメリカが、インドシナ半島で当面の味方として利用できる勢力は、ジエムの一派以外には見あたらなかったからである。

一九〇一年一月三日、フエの裕福なカトリック教徒の家庭に生まれたジエムは、フエ宮廷の廷臣を務める父の後押しもあって、早くから保大帝に能力を認められ、三二歳の時には内務大臣に抜擢された。

その後、阮朝のフランスへの追従ぶりに反発して大臣職を辞任した後、民族主義者としての政治活動を開始し、一九四九年には「国家至上主義運動」と呼ばれる反共・反仏の政治結社を組織していた。彼はまた、赤狩り旋風の吹き荒れる一九五〇年代初頭にアメリカを訪れ、政界の有力者と交友関係を結ぶことに成功したが、彼が会食を共にした人物の中には、後に大統領となるジョン・F・ケネディ上院議員の姿もあった。

インドシナ半島に反共の砦を構築したいというアメリカの意向を読みとったジエムは、一九五五年の二月以降、マスコミを通じて「北ベトナムには民主的自由がない以上、ジュネーブ協定で定められたベトナム統一選挙は実施されないだろう」との世論形成を行い、これに反対する知識人たちを「共産主義者」と決めつけて逮捕・投獄した。

そして、十月二十四日には南ベトナム国内で王制か共和制かを問う国民投票を実施し、九八パーセント以上の票を獲得したジエムは、王制の廃止と自らの「ベトナム共和国」大統領への就任を内外に宣言した。

阮朝の前皇帝である保大の南ベトナムからの排除は、インドシナ半島に残るフランスの最後の影響力が消し去られたことを意味していた。これにより、アメリカとその後ろ盾を得たジエム大統領は、南ベトナムを親米の独立国とする既成事実の構築に成功し、ホー・チ・ミンの率いる「北」に対抗する反共国家の建設に邁進できるはずだった。

ところが、南ベトナムの国内情勢は、これ以降ワシントンDCの米政府首脳部が予想もしなかった方向へと大きく傾き始める。

政府の要職を、一族の縁故関係者で独占するジエム大統領に対する南ベトナム国民からの批判が、全国的規模で高まったのである。

ゴ・ジン・ジエム政権の失政と腐敗

最初のきっかけとなったのは、土地改革に関するジエムの性急な布告だった。

一九五五年一月八日、ジエムは「法令第二号」と呼ばれる土地の地代に関する布告を行ったが、その内容は、地主の土地所有権とその使用料の支払い義務を再確認するもので、使用料の減額という一見農民に有利と思える要素も含まれていた。しかし、インドシナ戦争の期間中サイゴンやパリに避難していた地主たちは、帰国と同時に旧所有地の権利を主張した上、そこを耕している農民に対して戦争中にまで遡って地代の請求を行ったのである。

当時の南ベトナム国民の約八五パーセントは農民だったが、国土の四十五パーセントは全人口の二パーセントに過ぎない地主によって所有されていた。このような状況の中で「土地は農民に分け与えられる」というベトミンの宣伝スローガンを覚えていた南ベトナムの農民たちは、地主を優遇するジエムの布告に反発して各地で一揆を繰り広げ、農村部では反ジエムの政治勢力が次々と誕生していった。

そして、そのような国民の不満をさらに煽り立てたのが、大統領ジエム一族の特権的な生活ぶりだった。

ベトナム共和国（南ベトナム）の九つの閣僚ポストのうち、首相を含む三つを自身が兼任し、別の一つを弟のゴ・ジン・ニューに、別の二つをニューの妻の父とその弟に分け与えたジエムは、政府内の要職を、自らと同じカトリック教徒の有力者に独占させた。彼らは、一九五五年一月一日に始まったアメリカからの財政援助を最大限に利用して、個人の蓄財に励み、海外に開設した銀行口座の残高を増やしていった。

このような大統領一族による権力の私物化に対し、南ベトナム国民の九割以上を占める仏教徒が強い反感を示すようになるまでには、時間はかからなかった。こうして、農村でも都市部でも民衆の支持を失いつつあったジエム政権だったが、それでもアメリカは、民主主義の原則とはほど遠い政策をとる彼を「反共の闘士」として支援し続けた。

アイゼンハワー大統領は、早い段階から国家指導者としてのジエムの資質に疑いを抱いていたといわれるが、米政府内におけるジエムの評価は、依然として高かった。かつてフィリピン国内の共産ゲリラ討伐に辣腕を揮《ふる》ったエドワード・ランズデール大佐率いるアメリカの「サイゴン軍事使節団」は、一九五五年の春に、ジエムの実務的な有能さと反共思想の強固さを褒め称える報告書をアレン・ダレスＣＩＡ長官に提出しており、その内容は彼の実兄であるジョン・フォスター・ダレス国務長官にも伝えられた。

このランズデールの報告書は、アメリカがこれ以後のベトナムで繰り返すことになる、数々の過ちの出発点だった。ダレス兄弟が彼の報告書の内容を鵜呑みにしたため、CIAと国務省はジエムを「信頼に足る立派な人物」と判断してしまい、その前提を基にして、米政府内の各部局でベトナム支援計画が立案されていったのである。

ベトナム労働党の南進決議

このような南ベトナム国内におけるジエム政権への不満の増大は、南北の統一を目指すホー・チ・ミン政権にとっては有利な材料だった。

土地改革をめぐる紛糾は、北ベトナムの農村部でも発生していたが、強圧的な態度を崩さないジエム政権とは対照的に、ホー・チ・ミン政権は一九五六年十一月二十九日に国防相ボー・グエン・ザップの率直な自己批判演説を通じて土地改革の誤りを認め、民衆の信頼を回復することに成功していた。

しかし、ジュネーブ協定で「一九五六年中の実施」が約束された、ベトナムの南北統一選挙が、アメリカの意向を受けたジエム政権によって反古にされると、国民投票での勝利を確信していた北ベトナム政権内部には大きな失望感が広まり、新たな統一手段の模索が求められることとなった。

ホー・チ・ミンは、ベトナムでの戦争再発を望まない中ソ両国に配慮して、南の反ジエム闘争を直接的に支援することを部下に禁じていた。だが、純粋な政治的手段による宣伝活動だけでは、南北の統一など夢物語だと悟った彼は、長い逡巡の末、それまでの方針を捨てて、南ベトナムに対する積極的な浸透工作を開始する決断を下した。

一九五九年一月十三日、ベトナム労働党（一九五一年にインドシナ共産党から改組）の第二期第十五回中央委員会拡大総会（十五中総）の席上で、「第十五号決議」と呼ばれる政策案が採択された。この決議の中で、北ベトナム政府は「南ベトナムを武力によって解放する」という武力闘争路線を初めて認めるのと同時に、その目的を実現するための方策として、闘争の基盤となる武装集団を南ベトナム国内に創設することを謳っていた。

ジエム政権の熾烈な弾圧を生き延びた南ベトナムの親ベトミン勢力は、この第十五号決議を知ると大いに勇気づけられ、さっそく具体的な抵抗組織づくりに取りかかった。

一九六〇年一月十七日、メコンデルタの中州に位置するベンチェという村で親ベトミン勢力の蜂起（ベンチェ蜂起）が発生すると、これに刺激を受けた各地の反ジエム勢力は、彼らの元へと参集し始めた。その中には、共産主義勢力と並んでジエム政権が目の敵にしていた新興宗教の高台（カオダイ）教と和好（ホワハオ）教、そしてレ・バン・ビエン将軍に率いられた犯罪組織の私兵集団「ビンスエン」の生き残りなども含まれていた。

こうして、南ベトナムの反ジエム勢力は、親ベトミン勢力と一時的な共闘関係を結ぶ方策を選び、同年十二月二十日、カンボジアとの国境に近いタンラップという村で、反ジエム・反米を標榜する抵抗組織「南ベトナム民族解放戦線（NLF。以下、適宜「解放戦線」と表記）」が結成された。

結成当時の解放戦線は、特定のリーダーを持たず（後に議長となるグエン・フー・トは当時獄中にあった）、一七人の中央委員の合議制で運営されるとの取り決めがなされていたが、実質的な主導権を握っていたのは、北のベトナム労働党と関係を持つ一派だった。彼らは直接ハノイから指令を受けて行動したわけではなかったものの、常に党中央委員会の方針を意識しながら、闘争のプログラムを組み立てていった。

これより一五年の長きにわたるベトナム戦争の、事実上の始まりである。

ケネディ大統領暗殺事件とトンキン湾事件

ケネディとフルシチョフの登場

南ベトナム民族解放戦線の結成からちょうど一か月が経過した一九六一年一月二十日、アメリカ合衆国の第三十五代大統領にジョン・F・ケネディが就任した。

ケネディは、最初のうちインドシナ問題へのアメリカの関与については慎重な姿勢を見せていたが、ジエムが「越共（ベトコン：「ベトナムの共産主義者」の意）」と呼ぶ解放戦線の武装ゲリラが南ベトナムでテロ活動を開始すると、米政府としての具体的な対応策を迫られ、四月二十九日にはアメリカ人軍事顧問のベトナムへの増員を決定した。

一九六二年二月、ケネディはポール・ハーキンス大将を長とする「ベトナム軍事援助司令部（MACV）」をサイゴンに開設させるのと共に「戦略村」と呼ばれる南ベトナム住民の隔離居住政策を支援するよう、国務省に命じた。

戦略村とは、農村の住民を特定の隔離された村に居住させ、周囲に張り巡らせた鉄条網と武装した警備兵で村を護ることによって、敵のゲリラが農民に紛れて村に潜入することを防ごうという計画だった。

しかし、南ベトナムで同年九月までに計三二二五か所も作られた戦略村は、考案者が期待したような防護効果をほとんど発揮することもなく、逆に南ベトナムの民衆の間で反ジエムと反米の感情を増大させるだけの結果に終わってしまう。

警備兵によって村への出入りを厳重に管理され、鉄条網の中に閉じこめられて自由に出歩くことすらできなくなった農民たちは、収容所の囚人同然の扱いを押し付ける政府に対して、怒りを募らせていったからである。

一方、アメリカが最大の敵と見て警戒したソ連国内では、一九五八年三月にクレムリンの実権を握ったニキータ・フルシチョフが、北ベトナムを全面支持する方針を打ち出していた。

ケネディの大統領就任に先立つ一九六一年一月六日、世界各地の民族解放闘争を支援するとの演説を行っていたフルシチョフは、第十五号決議をきっかけに紛争の炎が再燃したベトナムに対しても、それまでの「対米戦争回避を主眼とする現状維持」の方策を捨て、「積極的な反米・反ジエム闘争への支援」へと政策を転換する姿勢を見せた。

国内経済の復興と、米本土を射程内に収める大陸間弾道ミサイル（ＩＣＢＭ）の開発成功（一九五七年九月）によって自信を取り戻した超大国ソ連は、再びアメリカの宿敵として東西冷戦の最前線へと名実ともに復帰したのである。

苛酷な仏教徒弾圧とジエム政権の崩壊

このような地球規模での東西冷戦の構図で、弱腰の姿勢をとることが許されなくなったケネディは、ベトナム情勢の不確かな見通しに懸念を抱きつつも、軍部やＣＩＡの要請を受け入れてベトナムへの軍事顧問派遣と兵器供与の規模を増大させていった。

アメリカから南ベトナムへ派遣された軍事顧問の数は、一九六二年の末にはジュネーブ協定で認められた六四五人を大幅に上回る一万五〇〇〇人に達し、一九六二年中に行われた軍事援助の額も、一九六〇年の四倍に当たる六億ドルに達していた。

だが、ケネディはそれでも、南北ベトナム間での紛争の拡大について、「本質的にはベトナム人自身が解決すべき問題であり、アメリカはそれに必要な援助を行うに留める（一九六三年九月二日の談話）」との認識を最後まで崩すことはなかった。

彼は、この戦争を対ソ連の核戦争を意味する「全面戦争」や、その図式の中で米軍部隊の直接参加によって行われる「局地戦争」とは異なる「特殊戦争」と位置づけており、米軍戦闘部隊の投入ではなく、軍事教練を行う専門家（対ゲリラ戦の技能を備えた少数精鋭の特殊部隊「グリーンベレー」など）の派遣や新型兵器の供与という形で、南ベトナム軍の戦闘力を間接的に強化しようと考えたのである。

しかし、そのようなケネディの期待とは裏腹に、ジエム政権の南ベトナム国民に対する暴政は一九六〇年代に入ってさらに深刻化し、とりわけ仏教徒に対する容赦ない弾圧は国内世論を完全に敵に廻す結果をもたらしていた。

一九六三年五月八日、釈迦誕生祭での仏教旗の掲揚を禁じられたことに抗議する仏教徒のデモが警官隊と衝突し、九人の死者と一四人の負傷者を出す惨事となった。これをきっかけに仏教徒の反ジエム抗議行動が南ベトナムの全土へと広まり、三日後の五月十一日にはチク・クァン・ドクという高僧が、衆人環視の中でガソリンを浴びて抗議の焼身自殺を行った。

この、炎上する僧侶を撮影した異様な写真は全世界に衝撃を与えたが、仏教徒が大多数を占める南ベトナム国民の怒りをさらに煽り立てたのは、ジエムの弟ニューの妻がテレビの取材に対して言い放った次の言葉だった。

「あんなの、ただのバーベキューじゃないの」

ニュー夫人の無神経な発言を知ったケネディは、烈火の如く激怒したと言われている。自らが置かれている政治的状況の深刻さを理解しないジエムをこのまま政権の座に就かせていたのでは、南ベトナムは内戦状態に陥ると考えた彼は、まず新大使ヘンリー・ロッジを通じて大統領ジエムと弟の秘密警察長官ニューに引退を勧告し、これが拒絶されると、ただちにCIAによるジエム政権の転覆工作にゴーサインを出した。

一九六三年十一月一日、ベトナムで軍部によるクーデターが発生し、ジエムとニューは間もなく捕らえられて、装甲車の中で射殺された。

ジュネーブ協定から約一〇年間続いたゴ・ジン・ジエムの独裁政権は、南ベトナム国民の支持を失って「反共の闘士」としての利用価値がなくなったことで、実質的な生みの親であるアメリカからも見捨てられたのである。

「特殊戦争」から「正規軍投入」へ

米政府が公式に後押ししてきたジエム政権の崩壊で、ケネディ大統領は対南ベトナム政策を根本から再検討する必要に迫られた。だが、将来の方針についての彼の公式発言は、彼がジエム政権を見限った頃から大きく揺れ動くようになる。

一九六三年九月二日、ケネディは「南ベトナムからアメリカが手を引けば、共産主義勢力の東南アジアへの拡大を許すことになる」として、南ベトナムへの軍事支援を従来通り維持するとの談話を発表した。

しかし、十月十一日にホワイトハウスで作成された「第二六三号覚書（メモランダム）」では一〇〇〇人の米軍兵士を第一陣として南ベトナムから撤退させる計画を承認しており、彼がベトナムでこれから何をしようと考えているのかは誰にも断言できなかった。

そして、将来的な対南ベトナム政策についてのケネディの真意をめぐる謎は、ジエム兄弟の殺害からわずか二一日後、永遠に闇の彼方へと封印されることになる。一九六三年十一月二十二日、彼は遊説先のテキサス州ダラスで何者かに暗殺されたのである。

二年前のピッグズ湾侵攻作戦（ＣＩＡが計画を立案し、アメリカの支援下で亡命キューバ人に実行させた、キューバのカストロ政権[*3]打倒を意図した軍事侵攻）の失敗以後、ケネディの外

＊3　カストロ政権＝一九五九年、アメリカ企業が利権を握っていたカリブ海のキューバで革命が起こり、フィデル・カストロを指導者とする社会主義政権が樹立された。喉元に位置するキューバの社会主義化を危惧したアメリカと、キューバに弾道ミサイルを配備しようとしたソ連との間で、一九六二年に「キューバ・ミサイル危機」が生じることになる。

交および国防政策が「共産主義者に融和的である」として不信を抱くようになった軍部とCIAの強硬派幹部が、ベトナムからの完全撤退をケネディが決断することを恐れて暗殺計画に加担したのではないか、との陰謀説が、アメリカや諸外国の一部では今なお語られているが、それを裏付ける決定的な証拠は見つかっていない。

副大統領からケネディの後継者となったリンドン・ジョンソンは、暗殺から四日後の十一月二十六日に「第二七三号覚書」と呼ばれる文書を承認し、ケネディが決して認めようとしなかった「北ベトナムへの秘密工作の開始」や「ラオスへの軍事介入案」の検討を行うよう指示を下した。そして、翌一九六四年一月二十二日、統合作戦本部は「第二七三号覚書」に基づき、次のような内容のベトナム介入計画を作成した。

「1．南ベトナム政府軍を含む全軍事行動の命令権は米軍司令官に属する。

2．北ベトナムへの攻撃計画の全責任は米軍司令官が負う。

3．南ベトナム政府軍をラオスに侵攻させ、北ベトナムからの物資輸送路を切断する。

ケネディの後任として大統領になったリンドン・ジョンソンの方針は、ベトナム戦争を拡大させ、米軍を泥沼に引き込むこととなった。

4．南ベトナム政府軍に北ベトナムの主要拠点への爆撃ならびに沿岸施設への機雷敷設を実行させる。
5．米軍部隊を増派して南ベトナムでの戦闘行動を支援する」

こうして、ケネディ大統領の暗殺を境に、アメリカの南ベトナムでの軍事行動は、それまでの限定的な「特殊戦争」から、米軍戦闘部隊の直接参加を前提とした「局地戦争」へと変質していったのである。

一九六四年八月二日の午後二時四〇分頃、北ベトナム沿岸のトンキン湾で哨戒任務に就いていた米海軍の駆逐艦マドックスが、北ベトナム軍の魚雷艇三隻から攻撃を受けるという事件が発生した。いわゆる「トンキン湾事件」である。

マドックスの被害は皆無で、攻撃を行った魚雷艇は間もなく米軍の反撃によって撃沈されたが、ジョンソン大統領は二日後の八月四日に北ベトナムに対する報復爆撃の実施を決定。八月七日には上下両院で「東南アジアにおける行動に関する議会決議」が五〇四対二の圧倒的多数票で可決された。

「トンキン湾決議」とも呼ばれるこの議会決議は、ベトナムおよび東南アジア方面で実施される米軍部隊の軍事行動に関する全面的な権限を大統領に付与するというもので、事実上の「北ベトナムに対する宣戦布告」とも解釈できた。米国防総省の首脳部は、この決議を受けてさっそく北ベトナムに対する攻撃計画の立案作業に入った。

一方、北ベトナム政府は「トンキン湾事件は米軍駆逐艦の挑発によって発生した偶発事件であり、その二日前にＣＩＡの支援を受けた南ベトナム軍特殊部隊が現場付近の小島で実行した奇襲攻撃こそが事件発生の真の原因である」と主張したが、もはや真相の究明は無意味だった。

なぜなら、米政府はこの時点ですでに「ベトナム戦争」の当事者として軍事介入を行う意志を固めており、トンキン湾事件はそのきっかけにすぎなかったからである。

米軍による本格的介入の始まり

米空軍の爆撃機による北爆の開始

一九六四年十一月四日に実施された大統領選挙で、現職のジョンソンは圧勝して再選を果たしたが、南ベトナムではアメリカ大統領の権威に挑戦するかのように、米軍施設に対する解放戦線のゲリラ活動が活発化し始めていた。

インドシナ戦争期に南部の親ベトミン勢力を支援するために作られた、ラオスとカンボジア領内を通過する物資の輸送ルートは、一九五八年から「ホーチミン・ルート」と呼ばれる複数の経路を持つ道路網として整備されており、解放戦線のゲリラたちはこの補給路を通じて北ベトナムから武器弾薬類を入手し、在ベトナムのアメリカ人を目標とする直接攻撃を開始したのである。

第二次世界大戦期には米第101空挺師団長として勇名を馳せた駐ベトナム米大使マクスウェル・テイラー(前任者ロッジに代わって同年六月に着任)は、危機感を露わにして、北ベトナムへの報復爆撃をジョンソン大統領に進言した。

だが、ジエム政権崩壊後の南ベトナム政府内は、軍高官による宮廷クーデターが繰り返されて安定とはほど遠い状態にあり、ジョンソンは軍人同士の政争が続く中で南ベトナムを本格的な戦争に巻き込むのは危険だと判断して、空爆の実施をためらい続けた。

ジョンソン政権の内部では、北ベトナムに対する毅然とした対応を主張する軍部およびCIAと、南ベトナムの国内情勢を含めた戦略的判断に基づいて慎重に事を進めるべきだとする国務省の間で激論が戦わされたが、十二月二十六日に開始された、ビンザーの南ベトナム軍駐屯地に対する解放戦線の攻撃が大成功を収めると、ホワイトハウス内の空気は実力行使を支持する方向へと大きく傾いた。

サイゴンからわずか南東六〇キロの位置にあるビンザーへの攻撃に際し、解放戦線側は二個連隊規模の兵力による正規戦の攻撃手法を駆使して、逐次投入された南ベトナム軍の四個大隊を各個撃破することに成功しており、それまでの小規模で散発的なゲリラ攻撃とは明らかに戦いの様相が異なっていたからである。

南ベトナム国内での解放戦線と政府軍との闘争が新たな局面に入った以上、もはや静観は得策でないと判断したジョンソンは、北ベトナムに対する爆撃の実施を決断する。

一九六五年二月七日、南ベトナム中部のプレイクに設営されていた米軍駐屯地が解放戦線の攻撃を受けて米兵五人が死亡すると、ジョンソンはただちに報復爆撃の名目で、北ベトナム南部のドンホイに対する爆撃「フレーミングダート作戦」を実施させた。

米軍機による北ベトナム領内の目標に対する小規模な空爆は、トンキン湾事件に対する北ベトナム海軍基地への報復爆撃（一九六四年八月五日）を皮切りに数回行われていたが、「フレーミングダート作戦」に対する中ソ両国の反応は、米首脳部が危惧したほど激しいものではなかった。

これを見たホワイトハウスの高官たちは、六日後の二月十三日、北ベトナムへの圧力を強化する目的で、北爆の規模をさらに拡大させることを決定した。

「ローリングサンダー作戦」と呼ばれる、本格的な北ベトナム空爆作戦がそれである。

海兵隊のベトナム本土上陸

一九六五年三月二日に開始された「ローリングサンダー作戦」は、これ以降三年半後の一九

ダナンに上陸するアメリカ海兵隊部隊。これは米軍地上部隊の本格介入の始まりとなった。

六八年十一月まで続き、爆撃目標も当初の「パンハンドル地域」[*4]から、徐々に首都ハノイや最重要港ハイフォンへと拡大していった。

米空軍機の出撃回数は、一九六五年だけで六万一〇〇〇回に達し、「ローリングサンダー作戦」の期間中に総計六四万トンを超える各種爆弾が北ベトナムの国内へと投下された。

ジョンソン大統領は、北爆の開始とタイミングを合わせるかのように、一九六五年三月八日の午前九時頃、陸上兵力の第一陣として三五〇〇人の米海兵隊員を、南ベトナム北部の港湾都市ダナン周辺の海岸へと上陸させた。

同地の米空軍基地を解放戦線のゲリラ攻撃から守るというのが、米海兵隊投入の名目だったが、ジョンソンはこれらの軍事的圧力によって、解放戦線に対する北ベトナムからの軍事支援を停止させられるのではないかと考え、四月七日に和平交渉の開始をハノイに申し入れる。

しかし、フランスとの長く苦しいインドシナ戦争を戦い抜いた経験を持つホー・チ・ミン政権の指導部が、フランスの軍事的同盟国であったアメリカからのこのような軍事的圧力に屈服して、彼らが崇高と見なす大義――南ベトナム人民の解放――を簡単に放棄するはずもなかった。北爆の恒常化によって態度を硬化させた北ベトナム側は、四月十一日に交渉の拒絶をアメリカ側に通告する。

これによって、アメリカと北ベトナムは完全な敵対関係へと突入し、南ベトナムでは北ベトナムに支援された解放戦線と、現地に駐留する米軍の間で激しい戦闘が繰り広げられるようになっていった。

だが、南ベトナムの政情不安は依然として深刻で、一九六五年六月十八日には何度目かのクーデターで空軍司令官のグエン・カオ・キが新首相に任命されたものの、彼はイギリスの新聞記者とのインタビューで「自分にとっての英雄の一人はアドルフ・ヒトラーだ」と答えて（一九六五年七月十五日）、米政府首脳部を呆れさせた。

南ベトナムへと派遣された米軍の将兵たちは、ホワイトハウスの政治的判断により、このような政権を守るための戦争を行うよう命じられたのである。

東の超大国・ソ連の北ベトナムへの軍事支援

米軍の本格的な介入姿勢が明らかになった一九六五年春、北ベトナムの指導部では、今後の対南ベトナム闘争の基本戦略を策定する討議が行われていた。

国防相のボー・グェン・ザップは、インドシナ戦争の場合と同様、従来通りのゲリラ戦を主体とする方針で南の解放戦線を支援して長期持久戦を戦うべきだと主張したが、参謀総長のバン・ティエン・ズンは北ベトナム正規軍の投入による軍事的な正面対決こそが勝利への近道であるとの考えを披露した。ホー・チ・ミンは後者の意見を重視して、南ベトナム領内へと北ベトナム正規軍を浸透させるよう軍の指導部に命じた。

ズン参謀総長ら北ベトナム軍指導部の強硬派が、強大な米軍と正規軍で対決するという、一見無謀とも思える戦略方針を選択肢の中に含めることができた背景には、アメリカの天敵である東の超大国・ソ連から得た大規模な武器援助の存在があった。

一九五〇年代までの北ベトナムは、インドシナ戦争の時代から続く中国との友好関係を対外政策の中心に位置づけており、一方のソ連はアメリカとの対決を恐れてベトナムの紛争からは

＊4 パンハンドル地域＝北ベトナムの国土をフライパンに見立てた場合の「柄（ハンドル）」に当たる南部の細長い地域で、南ベトナムの解放戦線に武器弾薬や食糧を送る補給拠点が点在していた。

距離を置く姿勢を貫いていた。しかし、一九六〇年代に中国とソ連の間で社会主義路線をめぐる摩擦が生じると、ソ連のフルシチョフ首相は北ベトナムに対する本格的な援助を開始し、それに伴って中国との関係にも微妙な変化が現れ始めた。

中国の最高指導者・毛沢東の側近である林彪《りんぴょう》は、一九六五年九月三日に「人民日報」紙上で「一国の人民戦争は、その国の大衆自身の力に頼るべき問題である」とする、かつてのケネディの認識と同じ主旨を持つ論文を発表し、中国は北ベトナムが行う反米闘争への積極的関与を行うつもりがないことを明らかにした。

これに対し、一九六四年十月に失脚したフルシチョフに代わりソ連首相の座に就いたアレクセイ・コスイギンは、就任間もない一九六五年二月に自らハノイを訪れ、ホー・チ・ミン政権に対する大規模な軍事援助の開始を約束した。

アメリカとの長期戦を控えた北ベトナムにとっては、食糧や日用品は豊富に供給してくれる反面、兵器面では小銃や機関銃などの軽火器以外はなかなか譲ってくれなかった中国とは対照的に、対空ミサイルや多連装ロケットなど最新の重火器を気前よく分け与えてくれるソ連の存在は、この上なくありがたいものだった。

こうして、新たな後援者を得た北ベトナムは、強力なソ連製の武器を携えて、西の超大国・アメリカに対決を挑んでいったのである。

米政府首脳部の楽観と誤算

精鋭「空中騎兵」師団と「枯れ葉剤」の投入

一九六五年九月十一日、米陸軍の最精鋭部隊の一つである第1騎兵師団がベトナムに登場し、これによって在ベトナムの米軍兵力は一二万五〇〇〇人に増大した。

同年七月一日に第11空中強襲師団と第2歩兵師団の部隊で改編されたばかりの第1騎兵師団は、別名「空中騎兵」とも呼ばれていたが、その名の通り約四三〇機のヘリコプターを装備する空中機動部隊であり、ジャングルや山岳などのベトナム特有の地形に囚われない、ヘリコプターの機動力を活かした活躍が期待されていた。

十月十九日、南ベトナム領内に侵入していた北ベトナム正規軍の第32、第33、第66の三個歩兵連隊が、プレイミの米軍特殊部隊駐屯地に対する攻撃を開始した。

敵の作戦意図が、細長い南ベトナム領の分断にあると考えた、米ベトナム軍事援助司令部の総司令官ウイリアム・ウエストモーランド大将（一九六四年五月着任）は、さっそく第1騎兵師団に反撃を命じ、ヘリに騎乗した空中騎兵たちは敵の攻撃を粉砕した後、西へと退却した北ベトナム軍を追撃していった。

しかし、ヘリの機動力を過信した米軍は、間もなく北ベトナム軍の地形を利用した反撃に遭遇して思わぬ損害を被ることになる。

十一月十四日、プレイミ西方のイアドラン渓谷へとヘリで降り立った第1騎兵師団所属の第7騎兵連隊が、同地で再編成中だった北ベトナム正規軍に包囲されたのである。

米第7騎兵連隊は、大規模な空爆を要請して敵の第33連隊を全滅させ、なんとか危機を乗り切ったものの、わずか四日間の戦闘で同年中の全戦死者の約二割に当たる二三四人を同部隊が失った事実は、空中から敵地に降り立つヘリコプターが、敵の反撃に対して必ずしも万能ではないことを米軍首脳部に痛感させた。

一方、日を追うごとに激しさを増す北爆と並行して、米空軍は通常の軍事行動とは異質な作戦を、南ベトナム国内で本格化させていった。大型輸送機C―123の機体下部に設けられた噴射ノズルから高濃度の除草剤を撒布して、解放戦線のゲリラ部隊に隠れ家を提供する森林やジャングルを枯死させようというのが、この作戦の主旨だった。

ベトナムでの除草剤の撒布は、ケネディ政権時代の一九六一年に小規模な試験と共に開始されていたが、一九六五年からは南ベトナム全土へと規模が拡大し、植物の落葉を促進する「オレンジ剤」「ホワイト剤」「ブルー剤」などの薬品が、南ベトナムのジャングルの二〇パーセントとマングローブ林の三六パーセントに対して撒布された。

木々の葉を粉末状に枯らしてしまうことから「枯れ葉作戦」とも呼ばれるこの作戦で、薬品の撒布が実施された密林は次々と見通しのよい枯れ木の林へと姿を変え、地上戦闘で自軍に有利な地形を創り出そうという米軍首脳部の目的は達成されたかに見えた。だが、薬品の安全性を充分に検証することなく開始されたこの「枯れ葉作戦」は、撒布地に住む農民たちやその土地を移動した両軍の兵士に、深刻な後遺症をもたらすことになる。

米軍機による除草剤の大規模な撒布から四年が経過した一九六九年、アメリカの国立ガン研究所は「オレンジ剤」などに含まれるダイオキシンが発癌や奇形児出産の原因となることを突き止めたが、その頃には撒布用輸送機に乗る米空軍兵士を含む大勢の人間が、猛毒を持つ紫色の液体に触れてしまっていたのである。

「索敵撃滅」戦術による連戦連勝

南ベトナム領内への北ベトナム正規軍部隊の浸透が増大していることを懸念したウエストモーランドは、一九六六年一月二十八日、駐留米軍の総兵力を四五万人にまで引き上げるようホワイトハウスに要請した。

アメリカ側の推測では、一九六五年だけで二万六〇〇〇人の北ベトナム正規軍が南部地域への浸透に成功しており、現状のままでは遠からず南ベトナム国内における軍事的優位を失うだろうと考えたのである。

ヘリコプターによる強襲作戦を実施するアメリカ軍。ヘリは「索敵撃滅（サーチ＆デストロイ）戦術」で大きな役割を担った。

ジョンソン政権の国防長官を務めるロバート・マクナマラは、同年二月にこの要請を受けて兵力の一部増強を認めるのと同時に、北ベトナム領内の燃料備蓄施設に対する空爆の実施と、ジュネーブ協定によって南北ベトナムの境界線となっている北緯十七度線沿いの非武装地帯における監視を強めることを決定した。

アメリカを代表する自動車会社フォード社の重役から、ケネディ政権時代の一九六一年に国防長官へと転進したマクナマラは、経営者時代に培った費用対効果の評価法で、ベトナムにおける米軍の各種の軍事行動を判断していた。彼は、ベトナム戦争を最も少ないコストで勝利に導く方法は、北ベトナムの国内経済に打撃を与えて継戦能力を奪うことと、正規軍と武器弾薬類の北から南への浸透経路を完全に封鎖することだと考えていた。

しかし、実際には北ベトナムが戦争に投入している軍需物資のほとんどは、食糧や燃料を含め、ソ連と中国からの援助物資であり、北部には爆撃の目標となる大規模な工業施設は事実上存在しなかった。そして、北から南への正規軍の浸透と解放戦線に対する武器弾薬の補給は、主にラオスとカンボジア領内の「ホーチミン・ルート」を通じて行われていたため、非武装地帯における監視の強化はほとんど成果をもたらしていなかった。

だがそれでも、南ベトナムで戦う米軍の地上部隊は、ウエストモーランドが考案した「索敵撃滅（サーチ&デストロイ）」戦術によって、南ベトナムの解放戦線と北ベトナム正規軍を相手に各地で優勢な戦いを繰り広げていた。

索敵撃滅戦術とは、ヘリコプターを多用した最新の機動戦術で、広範囲での索敵によって敵主力部隊の位置を探知した後、大規模な兵力を搭載したヘリで電撃的に急襲し、退却の暇を与えずに殲滅しようというものだった。

一九六六年後半から本格的に活用された索敵撃滅戦術は、とりわけ南ベトナムの南部地域におけるカンボジアとの国境地帯で繰り返し実施され、同年十月に開始された「アトルボロー作戦」と翌一九六七年一月の「シーダー・フォールズ作戦」、そして同年二月から四月にかけて実施された「ジャンクション・シティ作戦」によって、南ベトナム南部の解放戦線は大打撃を被り、一時的に大規模な活動を行えない状態に追い込まれてしまう。

これらの連続作戦における米軍側の損害も軽微ではなく、「シーダーフォールズ作戦」と「ジヤンクション・シティ作戦」の二つで計三五四人の戦死者と一九一三人の負傷者を出していたが、軍首脳部は解放戦線側の戦死者を三五〇〇人以上と推測し、これによって南ベトナム国内の平定は一挙に前進したものと解釈していた。

戦争の勝利を確信する米軍首脳部

一九六六年から六七年にかけて米軍が連続して行った総攻撃で、前線部隊の指揮官の多くを失った解放戦線側は、組織再建のため従来以上の援助を北ベトナム政府に要請した。

ハノイの北ベトナム政府は、彼らの要望に応えて各種の軍需物資だけでなく解放戦線の部隊指揮に当たる正規軍の軍人をも南ベトナムへと送り込んだが、これによって解放戦線は事実上北ベトナム政府の支配下にある非正規戦専門の武装組織へと変質し、組織の内部に残っていた反米派の非共産主義勢力は完全に発言力を失うことになる。

一方、ジョンソン政権の内部では、ベトナムの現地司令官から次々と寄せられる勝利の報告が生み出した楽観的な見通しに浸る軍部およびCIAと、それに疑問を抱く国務省の摩擦が再燃し始めていた。そして、この対立は、国防長官のマクナマラが後者の立場へと転向したことから、ついには政権を二分する論争へと発展していった。

マクナマラがベトナム戦争の展望についての考えを一変させたのは、一九六六年十月に自らベトナム現地を訪れて状況をつぶさに観察したことがきっかけだった。

彼が最も驚いたのは、南ベトナム政府軍将兵の、解放戦線および北ベトナム正規軍との戦闘における戦意の低さだった。翌十一月になると、北爆が当初予想したような北ベトナムに対する圧迫効果をもたらしていないことが判明し、マクナマラは一九六七年五月十九日、ジョンソン大統領に宛てて、次のような内容の覚書を提出した。

「北爆がハノイの抵抗意志を弱めたり、必要な物資を南に送り出す能力を低下させたことを示す兆候は何一つありません。（北ベトナムの指導部が）ベトコン（解放戦線のゲリラ）にジャングルへと身を隠すよう助言しているような兆候も見られません。

この状況下で、現地からの増兵要求を受け入れ北ベトナムとの戦闘規模を拡大すれば、中国軍およびソ連軍の介入を招く恐れがあります。それゆえ、兵力の増派は三万人以内に抑えるのと共に、北爆の範囲を北緯二〇度線以南へと限定すべきと思われます」

ウイリアム・バンディ国務次官補もまた、マクナマラの覚書と同様に「北ベトナムとの戦闘拡大は中国軍を挑発し、ハイフォン港への機雷敷設はソ連を刺激する」との警告を大統領に提出した。

だが、軍部やＣＩＡは依然として、ベトナムにおける自国の勝利を疑わなかった。一九六七年十一月二十一日、ウエストモーランドはワシントンＤＣの記者クラブで、次のような演説を行った。

「いまやベトナム戦争は、終結が見え始めた段階に達した。一九六五年には敵が勝っていると考えていたが、現在は敵の方が劣勢であると確信している」

ジョンソン大統領は、近い将来におけるベトナム戦争での勝利を確約する軍部とCIAの側に立つことを決断し、ウエストモーランドの演説から六日後の十一月二十七日、マクナマラ国防長官の更迭を発表した。一九六八年一月一日に、ホー・チ・ミンが「今年は共産主義者が戦争に勝利する年になるだろう」との演説を行っても、国防総省の高官たちは単なる負け惜しみに過ぎないと考えていた。

しかし、大統領ジョンソンが行ったこの決断は、それから数か月のうちに恐るべき代償を現地の米軍将兵に強いることになる。

共産主義勢力が秘密裡に準備を進めてきた、大規模な一斉反攻作戦「テト攻勢」の開始が、すぐ目前にまで迫っていたのである。

テト攻勢——共産勢力の大反攻

ベトナム労働党の反攻計画

一九六七年十月、米軍首脳部がベトナム戦争での勝利を確信していたのと同じ頃、ベトナム労働党の首脳部はハノイで会議を開き、対米戦争の戦況を好転させるため、翌一九六八年の旧正月（テト）に大規模な反攻作戦を実施するとの基本計画を採択した。

この会議の席上、ボー・グェン・ザップ国防相とバン・ティエン・ズン総参謀長は、一九六五年の戦略会議に続いて再び意見を対立させたが、最終的に採択された反攻計画は、根本的に異なる両者の意見を組み合わせた折衷案へと落ち着いた。

ボー・グェン・ザップが提唱した反攻案は、南ベトナムの最北部に位置するケサンの米軍基地を「アメリカのディエンビェンフー」と見なし、北ベトナム正規軍の大規模な兵力を基地の周囲に展開して砲兵の射程下に置いた上で、孤立した敵の基地を長期的な包囲戦によって徐々に締め付けようという、純軍事的な作戦だった。

これに対し、バン・ティエン・ズンをはじめとする参謀本部の強硬派は、解放戦線の全兵力を投入して南ベトナム全域の都市で同時に攻撃を仕掛ければ、それが引き金となって南ベトナム市民の全国的な一斉蜂起を呼び起こすことができるに違いないという、どちらかといえば政治的な効果を狙った作戦案を提唱した。

この主張を聞いたザップは、都市部住民の多くが依然として戦争への当事者意識をさほど感じていないという南ベトナム国内の現状を考慮すると、大衆蜂起の扇動は時期尚早ではないかと反論した。彼はまた、同時攻撃の開始によって解放戦線の全組織が白日の下に姿を現せば、米軍による組織的な報復攻撃が容易になると指摘した。

しかし、この会議の参加者の多くは、参謀本部の提唱する「南ベトナム住民の反米一斉蜂起」という計画案が持つ、社会主義革命の理想にも通じる響きに魅了されており、ザップの危惧が現実的な問題として議論の俎上に乗せられることはなかった。

結局、ベトナム労働党の首脳会議で採択されたのは、北ベトナム軍がケサンの米軍基地に限定的な攻撃を行って敵の予備兵力をこの要衝へと誘引した後、相対的に防備が手薄になった南ベトナム各地で、解放戦線が一斉攻撃に転じるという作戦案だった。

このような折衷案を受け入れることは、民衆蜂起の実現性に疑問を抱くザップには不本意だったものの、合議制で戦略方針を決定していた当時のベトナム労働党指導部では、彼よりも南ベトナムの政治的内情に精通していると称する多数派の政治組織幹部の意見を無下に否定するわけにもいかなかった。

前哨戦——ケサン攻防戦

北緯一七度線の南北分割線（非武装地帯）から南に約二五キロ、ラオスとの国境から東に約一〇キロの場所にある米軍の「ケサン戦闘基地」は、非武装地帯全般の防備を後方から支えるのと同時に、北ベトナムからラオス・カンボジア両国内を通過して南ベトナムへと伸びる敵の物資輸送路「ホーチミン・ルート」に圧迫を加える目的で、一九六七年五月頃から本格的に構築された一大軍事拠点だった。

インドシナ戦争でフランス軍が使用していた滑走路を中心に、その周囲の小高い丘陵に海兵隊の重砲が次々と据え付けられ、一九六八年一月には一〇五ミリから一七五ミリまでの各種重砲四六門が、ケサン戦闘基地の敷地内に配備されていた。

一九六八年一月二十日、北ベトナム軍指導部は、非武装地帯周辺に展開する第304、第320、第325師団の三個師団に対し、ケサン戦闘基地と、その東に位置する重砲の火力支援基地（FSB）への総攻撃開始を命令した。

この時点で、ケサン戦闘基地には米第3海兵師団第26海兵連隊の三個大隊と第13海兵砲兵連隊、M47中戦車七両、M42軽戦車二両が配置されていたが、日付が二十一日に変わる頃、八二ミリ重迫撃砲や一三〇ミリ曲射砲、一五二ミリ重榴弾砲等の砲撃支援と共に北ベトナム軍の総攻撃が開始され、外郭の高地陣地の一部は五時間ほどで陥落した。

そして、多連装ロケット砲の一弾が、ケサン戦闘基地内の弾薬庫に着弾すると、そこに集積してあった一五〇〇トン近い弾薬や燃料が次々と爆発して炎上し、滑走路に駐機されていた米軍のヘリコプターは、凄まじい爆風でおもちゃのように吹き飛ばされた。

ケサンで敵の大攻勢が開始されたことを知った米軍の南ベトナム援助軍司令官ウエストモーランド大将は、この戦いがインドシナ戦争における「ディエンビェンフーの戦い」と同様の結末をたどることを恐れて、増援部隊の投入を決断した。

第四章で述べた通り、当時のフランスは、難攻不落と謳われた前線基地ディエンビェンフーを長い包囲戦の末にベトミン軍に奪われて、大国としての政治的な面目を失い、インドシナ半島からの完全撤退を余儀なくされていた。それゆえ、北ベトナムと西側の報道機関が共に「ケサンは第二のディエンビェンフーとなるか」との論調で二つの戦いの共通点を論じ始めると、ウエストモーランドはこの戦いの持つ軍事的・政治的影響力の大きさを意識しないわけにはいかなくなったのである。

北と西から直接攻撃をかけてくる北ベトナム軍の二個師団によって、数少ない道路を封鎖され、事実上包囲された第26海兵連隊の守備隊は、最初のうち後方からの航空支援や燃料・弾薬の補給を受けることもできないまま、絶望的な状況で抵抗を続けていた。

だが、ウエストモーランドの命令で開始された、B―52戦略爆撃機による空からの大規模な支援爆撃「ナイアガラ作戦」が次第に効果を上げ始めると、北ベトナム軍の攻撃は当初の勢いを失い、ケサンの攻防戦は間もなく膠着状態に入った。

また、米軍輸送機によるケサン戦闘基地への空中補給作戦も間もなく開始され、一月二十二日には増援の第9海兵連隊第1大隊が、さらに二十七日には南ベトナム政府軍の精鋭部隊である第37レンジャー大隊が、それぞれ空輸によって包囲下のケサンへと到着した。

ウエストモーランドが下したこれらの対応策によって、アメリカ側が予想した北ベトナム軍の作戦意図——ケサンの米軍基地を第二のディエンビェンフーにすること——は首尾良く避けられたかに思われた。しかし、北ベトナム軍にとっては、ケサンへの攻撃は主攻勢から敵の関心を逸らすための囮《おとり》にすぎなかった。

それから数日後、彼らは次なる新手を繰り出してきたのである。

南ベトナム全域での同時多発攻撃

テト——旧正月。

正式には「テト・グェンダン（元旦節）」と呼ばれるこの年中行事は、旧暦の大晦日と新年の三が日を祝う伝統的な祭典で、その日付は西暦では毎年異なっていた。ベトナム人にとっては一年で最も重要な祭りであり、南北ベトナム間の戦争が勃発してからも、この時期には双方とも祭典の意義を尊重して攻撃を手控えていた。

ところが、一九六八年のテトは例年とは様相が異なっていた。一月二十九日の深夜から翌三十日未明にかけて、南ベトナム北部のダナン、クイニョン、コンツム、プレイクなどの省都と米軍基地に対して、北ベトナム軍と解放戦線による同時攻撃が実施された。

さらに一月三十一日未明には、共産勢力の攻撃対象は南ベトナム全土へと拡大し、古都フエや南の首都サイゴンなどの大都市までもが攻撃に晒されて、二月一日までにその規模は四四の省都のうちの三六都市を含む計一〇五都市にまで広がった。

共産勢力による南ベトナム国内での同時多発攻撃「テト攻勢」の始まりである。

北ベトナム労働党の指導部で作成された当初の攻撃計画案では、旧暦猿年の正月二日目（この年の西暦では一月三十一日）に南ベトナム全土で都市攻撃を実施し、一時的に市内を制圧することで現地住民の反政府・反米蜂起を引き起こすことが作戦の主眼と定められていた。しかし、北ベトナムの指導部はこの時、北部と南部では異なった暦を用いているという重大な事実を見落としており（この年は南北ベトナムで一日のずれがあった）、フエなど一部の例外を除き、北部地域では南部の諸都市よりも一日早く攻勢が開始された。

一月三十一日の午前三時頃に首都サイゴン（現ホーチミン・シティ）の中心部で開始された総攻撃では、南ベトナム政府軍の司令部と統合参謀本部、海軍司令部、大統領官邸、同地の管轄軍である第3軍団司令部、タンソンニュット空軍基地（現国際空港）、ビエンホア空軍基地、ロンビン米軍補給集積所、国営放送局などの重要戦略施設が計三五個大隊の解放戦線部隊による攻撃対象となり、さらに統一大通りに面した米大使館の六階建てのビルにも解放戦線の特別攻撃隊が襲いかかった。

トラックで米大使館前の道路に乗り付けた一九人の解放戦線兵士は、携帯式対戦車ロケットで壁に大穴を開けて大使館の敷地に突入し、衛兵である海兵隊員を射殺して、正面玄関から建物の内部へとなだれ込んだ。南ベトナムにおける米政府の政治的中心地である大使館が、いともあっけなく解放戦線部隊に占拠されたことに驚いたアメリカの通信社は、こぞって「大使館、ベトコンに占拠さる！」という至急電を本国へと打電した。

米軍の南ベトナム援助軍司令部は、一〇日前に始まったケサン攻防戦への対応に全力を注いでいたこともあり、敵の同時多発攻撃の意図を即座に判断できず、一時的に混乱状態に陥ってしまった。

解放戦線によるテト攻勢で炎上するサイゴン市内。

ウエストモーランドは、ケサン攻撃に続いて大規模な北ベトナム軍が非武装地帯を越えて南下してくる可能性を危惧していたが、このような形で南ベトナム全土の主要都市が同時に戦場になるという展開は全く想定していなかったのである。

しかし、大使館の占拠という重大事件の発生によって、現状認識の変更を迫られた米軍指導部は、ただちに第1、第25歩兵師団および第101空挺師団をサイゴン市内に投入し、主要地点の奪回作戦を開始させた。

解放戦線に大使館を占拠されてから数時間後、米第101空挺師団のヘリコプターが建物の屋上に強行着陸し、ヘリから降り立った三六人の兵士が六階から順に各フロアを制圧して、大使館は間もなく米軍に奪回された。

南ベトナム全域での同時多発攻撃という作戦の性格上、共産勢力は攻撃部隊を各地に分散させることを余儀なくされたが、米空軍および三万人ともいわれる米軍の予備兵力がケサン戦闘基地への増援準備に振り向けられたこともあり、共産勢力は防備の手薄になった地方都市を一時的に制圧することに成功していた。

しかし、彼らの期待とは裏腹に、テト攻勢の作戦目標である「南ベトナム民衆の蜂起」が発生する気配はほとんど見られなかった。

地方在住の農民たちとは異なり、都市に住む住民の多くは、共産主義思想にほとんど魅力を感じてはおらず、一九六七年九月四日に総選挙で選出されたグエン・バン・チュー大統領とグエン・カオ・キ副大統領が支配する軍事政権の方が、北ベトナムの共産主義政権よりもましであると考えていたからである。

奇襲攻撃によるショックから立ち直った米軍と南ベトナム政府軍が本格的な反撃作戦を開始すると、弱体な解放戦線の小部隊は各個撃破され、せっかく手に入れた都市の支配権は次々と失われていった。北ベトナム軍の主力が投入された古都フエの旧市街では、米軍の第1海兵連隊をはじめとする反撃部隊との間で二五日間にわたって熾烈な市街戦が繰り広げられたが、二月二十四日の未明には最後の北ベトナム兵が旧市街から姿を消した。

こうして、南ベトナム全土に吹き荒れたテト攻勢の嵐は、南ベトナムの民衆を味方につけることに失敗した共産勢力の完全な敗北と共に、その幕を閉じた。だが、ベトナム戦争の戦局は、このテト攻勢を境に、双方の首脳部が全く予想もしなかった方向へと大きく傾いてゆくことになる。

国際的なベトナム反戦運動の広がり

テレビ時代の戦争と米本国の反応

北ベトナム軍と解放戦線の合同部隊によるテト攻勢の失敗で、共産勢力は参加兵力約八万人のうち、半数以上にあたる四万五〇〇〇人を戦死者として失い、南の解放戦線は事実上壊滅状態に陥った。

攻撃開始当初の奇襲効果で、米軍および南ベトナム軍もまた四〇〇〇人以上の戦死者を出していたが、北ベトナムの首脳部が期待したような民衆蜂起は結局起こらず、掃討作戦の銃声が響くサイゴンの路上で記者団のインタビューに答えたウエストモーランドは、改めて南ベトナムにおけるアメリカの勝利を内外に宣言した。

ところが、米本国では彼らの想定しない事態が急速に進展しつつあった。メディアが報道するテト攻勢の戦況を知った一般のアメリカ国民が、ベトナム戦争に米軍を介入させるというホワイトハウスの政策に対する不支持を表明し始めたのである。

とりわけ米国民に大きな衝撃を与えたのは、テレビのニュース番組に映し出された米大使館の建物をめぐる攻防戦だった。

南ベトナムの首都サイゴンの目抜き通りに面した米国大使館の建物は、本来ならば最高度の防備で護られていなければならないはずだった。それが、六時間程度とはいえ、わずか二〇人足らずのゲリラにあっけなく占拠されるとは一体どうしたことなのか。米軍は、各地で連戦連勝したはずではなかったか。

一九六五年の本格介入以来の三年間で、アメリカは南ベトナムに二五〇億ドル以上の軍事・経済援助を注ぎ込み、テト攻勢の開始時には五〇万以上のアメリカ兵が南ベトナム政府を守るために戦っていた。一九六一年のベトナム軍事援助司令部創設から一九六七年末までにベトナムで戦死したアメリカ兵の数は一万六〇〇〇人に達しており、この戦争でアメリカが被った損害は決して軽微なものとはいえなかった。

それだけに、一九六七年十一月二十一日にウエストモーランドがワシントンDCの記者クラブで語った「いまやベトナム戦争は終結が見え始めた」という言葉は、アメリカ国民の間では安堵の気持ちと共に受け入れられていた。「米軍の掃討作戦の成功で南ベトナム国内の共産勢力は壊滅し、長らく続いたベトナム戦争も、ようやく終わりを迎えたのだ」と。

しかし、南ベトナム全土で同時に発生した共産勢力によるテト攻勢は、そのようなアメリカ国民の戦争終結に向けた希望と期待を粉々に打ち砕いてしまった。ベトナムの実状を知った彼らは、この戦争が、かつてアメリカが経験したどの対外戦争とも本質的に異なっていることに気付いた。

ベトナムでは、個々の戦闘における軍事的勝利などほとんど意味を持たなかった。共産勢力の戦闘部隊をどれだけ壊滅させても、どれだけの土地を支配下に置いても、それが戦争の勝利へと単純に結びつくことはなかったのである。

そして、テト攻勢の開始直後にサイゴン市内で発生した別の事件が、ベトナム戦争に対するアメリカ国民の疑念をさらに煽り立てた。

二月一日、サイゴン西部の中国人街チョロン地区で、一人の解放戦線幹部が南ベトナム軍に捕らえられた。グエン・バン・レムというこの男は、持っていたピストルを取り上げられて殴打された後、国家警察長官のグエン・ゴク・ロアン将軍の前に連行された。

防弾チョッキに身を包んだロアンは、自分のピストルを取り出して「どけどけ」と周囲の南ベトナム兵を離れさせた後、レムのこめかみに銃口を当てがうと、一瞬のためらいもなく引き金を引いた。銃声と同時に即死したレムは、頭から血を流しながら、人形のように路上へと倒れ込んだ。

この光景が全米のテレビ画面に映し出されると、アメリカ国民の間には南ベトナム政府に対する強烈な嫌悪感が沸き起こった。

ゲリラの容疑者を裁判にかけることもせず、警察長官が独断で射殺するような非民主的で野蛮な国家を守るために、どうしてアメリカ兵が血を流さなくてはならないのか。南ベトナムという国は、本当にアメリカが支援するに値する公正な国家なのだろうか……。

何の背景説明もなくテレビ画面に突然映し出された衝撃的な銃殺シーンは、ベトナム戦争が「自由と民主主義を守るための戦争」という大義とはほど遠い、野蛮な戦いであるとの印象を、アメリカの一般大衆の心に深く刻み込んだ。

結局、軍事的には完全な失敗に終わった共産勢力のテト攻勢だったが、この事件をきっかけとして、米国内と世界各国の世論は「ベトナムからの米軍の撤退」を叫ぶ方向へと大きく傾いていった。

つまり、北ベトナム首脳部の立案した当初の意図とは大きく異なってはいたものの、テト攻勢はその計り知れないほどの政治的効果によって、ベトナム戦争の流れを変える「転回点」の役割を果たしたのである。

米軍内部での反戦兵士の増加と麻薬禍

一九六五年の北爆開始当時、米国内の一部ではベトナムへの軍事介入に反対する声が上がったが、その意見に同調する国民はまだ少数派で、同年夏に行われた世論調査でも、アメリカ国民の約七割がジョンソン政権の対ベトナム強硬策を支持していた。

しかし、一九六五年八月のロサンゼルス・ワッツ地区での黒人暴動[*5]をきっかけに、米全土で黒人による反白人のデモや抗議行動が盛んになると、彼らは白人による黒人差別の一例としてベトナム戦争を挙げ、貧しい黒人をベトナムへと送るのをやめるよう主張し始めた。一九六五年当時、米軍全体に占める黒人兵の割合は約八パーセントに過ぎなかったが、同年にベトナムで戦死したアメリカ兵の二三パーセントは、黒人が占めていたからである。

ベトナム反戦運動に身を投じたのは、黒人だけではなかった。

＊5　ワッツ地区での黒人暴動＝人口の九〇パーセント以上が黒人だったワッツ市（カリフォルニア州）で、白人警察官が黒人を飲酒運転の容疑で逮捕したことをきっかけとして、一九六五年八月十一日～十七日にかけて起こった黒人暴動。アメリカ国内のマイノリティ、特に黒人の権利と保障の確立を目指して一九五〇年代から一九六〇年代に国内を席巻していた公民権運動の影響もあって、死者三四人、負傷者一〇〇〇人以上、逮捕者およそ四〇〇〇人という大規模な暴動となった。

米国防総省の前で抗議運動を展開するアメリカ市民たち。ベトナム戦争の実態が報道されるにつれ、米国内では反戦運動が活発化した。

非暴力主義を教義とするクェーカー教徒や、東部の名門大学に通う富裕な家庭の子女などが反戦運動に参加し始めると、議会としても彼らのデモに見て見ぬふりをすることができなくなっていった。

そして、一九六七年に入ると、言語学者ノーム・チョムスキーや小説家ノーマン・メイラー、育児専門家ベンジャミン・スポックなどの知識人がテレビに登場してベトナム戦争への反対を公然と表明するようになり、同年十月二十一日には五万人規模のベトナム反戦デモが、米国防総省ビル（ペンタゴン）を目指して行進する事件が発生した。

だがそれでも、一九六七年末の時点では依然として、アメリカ国民の半数以上は政府の対ベトナム政策に支持を表明していた。

ベトナム戦争への反対運動など、日常生活に不満を抱く黒人やヒッピーのすることだと思われていたのである。

ところが、一九六八年のテト攻勢を境に、国内の世論は一変した。それまで政治活動に手を染めたことのない白人の中流層が、テレビ画面に映し出されたベトナム戦争の実状に驚愕し、自国政府への漠然とした支持を捨てて、ベトナムからの撤兵を叫ぶ抗議運動に参加し始めたのである。

このような米国内の世論の変化は、新たに徴兵されてベトナムへと赴くアメリカの若者たちの心理にも多大な影響を及ぼした。

大義を胸に抱いて堂々と祖国を後にした父親および祖父の時代とは異なり、彼らは国を離れる前から、自分たちは砂漠に水を撒くがごとき不毛な戦いに投じられる運命にあることを悟されたのである。一部の新兵は、反戦運動に参加する友人から手に入れたピースバッジ（鳩の足形を模した「平和の象徴」）を軍服に着けて、ベトナムへと旅立った。

そして、ベトナムの戦場で生命の危機に晒されたアメリカ兵の多くは、過酷な境遇がもたらす精神的ストレスからなんとか逃れようと、程度の差こそあれ、マリファナやヘロイン、LSDなどの麻薬に手を出すようになっていった。

ベトナムに派遣されたアメリカ兵の麻薬汚染は、一九六七年頃まではさほど深刻な問題でもなく、ごく一部の不心得者のみが、現地で容易に入手できるマリファナやアヘンを隠れて吸引していただけだった。しかし、一九六八年に入るとアメリカ兵の麻薬使用は激増し、一九六九年と一九七〇年の二年間に一万六〇〇〇人ものアメリカ兵が、麻薬の不法所持を理由に懲戒除隊させられていた。

また、麻薬常習者の常として、その量と効能は次第にエスカレートし、マリファナだけでは不安を鎮められなくなった者は、より習慣性の強いヘロインに依存するようになる。一九七三年に米国防総省がまとめた公式報告によれば、ベトナムに赴いたアメリカ兵のうち、ヘロインを服用した経験を持つ兵士は全体の約三五パーセントに達していた。

戦争の目的意識の喪失と麻薬の蔓延は、ベトナムに派遣されたアメリカ兵の精神と肉体を着実に蝕んでいった。そして、戦場の恐怖からの逃げ道を麻薬に求めた彼らの一部は、ベトナムから帰国した後も、その深刻な後遺症に苦しめられ続けたのである。

ジョンソン大統領の苦渋の決断

一九六八年初頭のテト攻勢をきっかけに深刻化した、前線兵士の士気の低下と麻薬の蔓延、そして国内でのベトナム反戦運動の高まりは、ベトナムへの直接的な軍事介入政策を推進してきたジョンソン政権に計り知れないほど大きな打撃を与えていた。

それまで、国防総省とＣＩＡから提出される楽観的な戦況報告を信じ続けてきたジョンソン自身もまた、テト攻勢のテレビ報道で現地の実状を知り、それまでの三年間の努力が徒労に終わったことを痛感させられた一人だったが、「手段（ベトナムへの軍事介入）の目的化」という当時の軍とＣＩＡが陥っていた構造的な問題に手をつけるには、もはや手遅れだった。

ペンタゴンとＣＩＡがホワイトハウスに提出するベトナム情勢に関する報告内容が、いかに現地の実状とかけ離れているかについては、ケネディ政権時代の一九六二年末頃には早くも一部のアメリカ人上級軍事顧問から警告の声が上がっていた。

彼らは、自ら前線で見聞きした情報に基づき、南ベトナム軍が直面する軍事的・政治的な問題点を冷徹に指摘した上で、彼らが北ベトナムに勝利できる可能性はほとんどないとの報告を、初代の駐留米軍司令官ポール・ハーキンス大将に提出していた。

だが、南ベトナム軍の首脳部からもたらされる楽観的な見通しに気を良くしていたハーキンスは、これらの報告書の余白に「嘘だ」などと書き込みを入れ、国防総省の上級幹部の目に触れることのないよう握り潰した。ベトナムにおける米軍司令部のこのような態度は、大統領がケネディからジョンソンに代わり、現地司令官の座がウエストモーランドに引き継がれても、本質的には変わることがなかった。

そして、現地の米軍司令部が長年にわたって積み重ねてきた「ベトナム戦争における米軍の勝利」という虚構が、一九六八年一月の共産勢力によるテト攻勢で粉々に打ち砕かれると、ジョンソン大統領には対ベトナム戦争を根本から再構築するだけの気力も能力も、残されてはいなかったのである。

同年三月十二日にニューハンプシャー州で実施された民主党の予備選挙で、ベトナム反戦を訴える対立候補のユージン・マッカーシー上院議員（赤狩りのジョセフ・マッカーシーとは別人）が四二パーセントの票を獲得し、国内での現政権の支持率が三六パーセントにまで下落すると、ジョンソンの命運は決定的なものとなった。

三月三十一日、ジョンソンは全米向けのテレビで演説を行い、自らが推進してきたベトナム政策を総括する内容の文面を、悲痛な面持ちで静かに読み上げた。

「私は、北緯二〇度線以北の地域に対する空爆の停止を命令した。今後は、北ベトナム代表者との間で和平交渉に入ることとなろう。ベトナムには、一時的に一万三五〇〇人のアメリカ兵を増派するが、その後は段階的に駐留米軍の規模を縮小する計画である。

そして、私は次期大統領選挙に関して、大統領候補としての指名を求めることはしないし、もし仮に指名されたとしても、それを受諾する意志はない」

ニクソン訪中とベトナム和平交渉

ベトナム駐留米軍の軍紀紊乱

一九六八年四月三日、北ベトナム政府は「北爆の無条件停止を確認するために、米政府の代表者と予備交渉を行う用意がある」との声明を発表し、三日前にジョンソンがテレビ演説を通じて行った和平交渉への呼びかけに応じる姿勢を見せた。

五年後の一九七三年一月に実を結ぶことになる、ベトナム和平交渉の始まりである。

一か月後の五月十三日には、フランスのパリで第一回の予備交渉が開始され、アメリカと北ベトナムの代表者が、ぎこちない態度でテーブルを挟んで意見を述べ合った。

一方、パリで平和的手段による紛争解決の道が模索されている間にも、ベトナムの戦場では新たな血が流され続けていた。

同年四月一日、米軍は包囲下にあるケサン戦闘基地の守備隊を救出すべく大規模な軍事行動「ペガサス作戦」を開始し、一週間にわたる戦いの後、七七日間にわたって包囲されていたケサン守備隊との合流に成功した。これに対し、共産勢力は五月五日、テト攻勢に続く第二次の大攻勢を南ベトナム国内の計一一九か所で開始した。サイゴン西部のタンソンニュット空軍基地とチョロン地区では、米軍機によるナパーム弾での反撃が実施されるなど、激しい攻防戦が各地で繰り広げられた。

だが、一九六八年初頭のテト攻勢から一九六九年にかけての時期、米軍と共産勢力双方の首脳部は、前線での戦闘とは異なる種類の深刻な問題に直面させられていた。

この頃の米軍が抱えていた最大の問題とは、軍隊内部における軍紀の乱れだった。泥沼化した戦争の前途に希望を失った米軍の前線部隊では、麻薬使用者の増加に加え、民間人の虐殺や自軍指揮官の殺害などの凶悪事件が頻発するようになっていたのである。

一九六八年三月十六日、南ベトナム北部のソンミ村で、第23歩兵師団第11軽歩兵旅団に所属する一個中隊が、女性や子供を含む村人五〇四人を殺害する事件が発生した。

この虐殺事件は、偶然部隊に同行していた二人のジャーナリストと、ヘリで上空から事件を目撃した米軍パイロットらの証言によって問題視され、翌一九六九年九月に殺人罪で立件されたが、外部の目撃者がいない場合や規模が小さい場合には、米軍による民間人の虐殺が行われても、部隊内部でもみ消されてしまうことが少なくなかった。

また、米軍の下級兵士の間で、部下の命を不必要に危険に晒していると見なされた将校は、戦闘中に背後から狙撃されたり、わざと手榴弾を投げられたりして殺害されることもあった。米議会による公式調査によると、ベトナム駐留アメリカ兵による手榴弾を用いた上官殺害（フラッギング）の試みは、一九六九年から一九七二年までの四年間に一〇〇〇件を超え、そのうち八六人（同期間中にベトナムで死亡した将校の約三パーセント）が死亡したとされている。

実際には、戦闘中の敵弾に見せかけて射殺された場合も多く、実際にどれだけの米軍将校がベトナムのジャングルで味方によって殺されたのかは、誰にもわからなかった。

しかし、これらの凄惨な事件は、ベトナムに派遣された米軍兵士の心理状態を何よりも雄弁に物語っていた。自らの生命を賭けて守るに値するものが、ベトナムでは何一つないことを思い知った彼らにとって、同じ境遇に置かれた仲間の生命をわずかでも脅かす存在は、民間人であれ自軍の上官であれ、すべて「敵」であると見なされていたのである。

北ベトナム政府首脳部の苦悩

米軍将兵の「本来の敵」である共産勢力もまた、一九六八年から一九六九年にかけての時期に、数多くの困難に直面していた。軍事的な大敗に終わったテト攻勢は、ハノイの北ベトナム政府が予想したよりもはるかに深刻な後遺症を、共産勢力側にもたらしていたのである。

彼らにとって最も大きな打撃だったのは、テト攻勢に続く米軍と南ベトナム軍の反撃によって、農村部の拠点を次々と失ったことだった。

ベトナム労働党の首脳部は、テト攻勢に先立って、民衆蜂起を現地で指導させるべく、解放戦線の政治幹部を農村部から都市へと浸透させていた。そのため、テト攻勢の失敗でこれらの幹部を失い、その後に行われた敵の掃討作戦で地方における解放戦線の政治拠点や物資集積所を破壊されたことで、それまで農村部を中心に行われてきた解放戦線の兵員補充が充分に行えなくなっていたのである。

また、米政府の首脳部で北爆に対する徒労感が広がっていたのとは対照的に、ラオス領内のホーチミン・ルートに対する米軍のB―52戦略爆撃機によるじゅうたん爆撃が、この段階に入って共産勢力の補給網に深刻なダメージを与え始めていた。

北ベトナムから南方面へのトラックの運行が空爆によって阻害されたことで、南ベトナムの内陸部で戦う北ベトナム軍や解放戦線の各部隊では米や飲料水が不足し、大規模な軍事行動を継続することは不可能な状態となった。そのため、南ベトナムの北部地域で行動する北ベトナム軍部隊の多くは、水と食糧を得る目的で、北緯一七度線の非武装地帯周辺まで退却することを余儀なくされていたのである。

これらに加えて、北ベトナム政府首脳部の苦悩をさらに深めたのは、テト攻勢によって南ベトナム国内で噴出した、北ベトナムおよび解放戦線に対する憎悪の感情だった。

北ベトナムとアメリカの二国間の図式で見れば、テト攻勢は紛れもない「北ベトナムの政治的勝利」だったが、南ベトナムでは事情が異なっていた。

共産勢力が古都フエを占領下に置いた一九六八年二月初旬以降、二〇〇〇人とも三〇〇〇人ともいわれる同地の民間人が共産勢力側に「スパイ」と決めつけられてジャングルの奥地に連行され、次々と銃殺されていた事実が明るみに出ると、南ベトナム国民の間では共産勢力の蛮行に対する憎しみの感情が沸き起こり、都市部を中心に南ベトナム政府軍への志願兵の数が激増した。

このような問題を解決するために、北ベトナム政府が実行できる方策は一つしか存在しなかった。彼らは、南ベトナム領内へと派遣する北ベトナム正規軍とホーチミン・ルートに送り込む各種物量の規模を、一挙に増大させることを決定したのである。

この決定に従い、一九六八年中に南ベトナム領内へと新たに送り込まれた北ベトナム正規軍の兵員数は、前年の約二倍に当たる一五万人に達していた。

パリでの和平交渉がすでに始まっている以上、南ベトナムでの戦闘は、和平交渉を有利に進めるための既成事実作りに他ならなかった。そして、米政府がかつてのフランスと同様に、ベトナムからの脱出路を模索し始めていることは明白だった。

それゆえ、北ベトナムの首脳部は、南ベトナムでの戦況が劣勢になることを避けるために兵力の増強を行い、出発を急ぐ客を相手に値段交渉を続けるタクシー運転手のように、各地で戦闘を絶え間なく発生させ続けるという戦略を選び取ったのである。

ニクソンの「ベトナム化政策」

一九六九年一月二十日、失意のジョンソンに代わってアメリカの第三十七代大統領に選出されたリチャード・ニクソンは、就任早々から、米軍の一方的な敗北という形をとらずにベトナムからの撤退を実現するという難題に直面させられていた。

彼は、互いに関連した内容を持つ四つの戦略を同時に推進すれば、この難題を切り抜けられると考えて、ベトナム戦争における事実上の「敗戦処理」作業をスタートした。

彼が採用した第一の戦略は、かつてニクソンの政敵ケネディが唱えていたのと同様、ベトナムにおける南北間の戦争を当事者であるベトナム人自身に委ねるというものだった。戦争そのものを「ベトナム化」してしまえば、当事者でない米軍が撤退しても別に不名誉なことではなくなる。しかし、この「ベトナム化政策」を実現するためには、残る第二と第三の戦略を実現することが不可欠であると思われた。

ニクソンが採用した第二の戦略は、南ベトナムで発生する軍事衝突を沈静化させて、同地を「平定」することだった。この「平定作戦」を実行する上で、最も大きな障害となるのは北ベトナム軍による攻撃的な軍事行動だったが、これを排除するためには第三の戦略である「パリ和平交渉の推進」が一定の役割を果たすものと期待された。

そして、これらの三つの戦略がそれぞれ進展すれば、第四の戦略である「米軍の段階的撤退」も順調に実現するだろうと期待したのである。

だが、事態はニクソンの予想をはるかに上回るスピードで展開し始めていた。

同年二月二十三日、テトの祭日が明けるのを待って、共産勢力の新たな大攻勢が南ベトナムの省都・郡都の計四六か所で行われたのである。六月八日には、解放戦線を母体とする南ベトナムの共産主義政権として「南ベトナム共和臨時革命政府」の樹立が宣言されたが、閣僚ポス

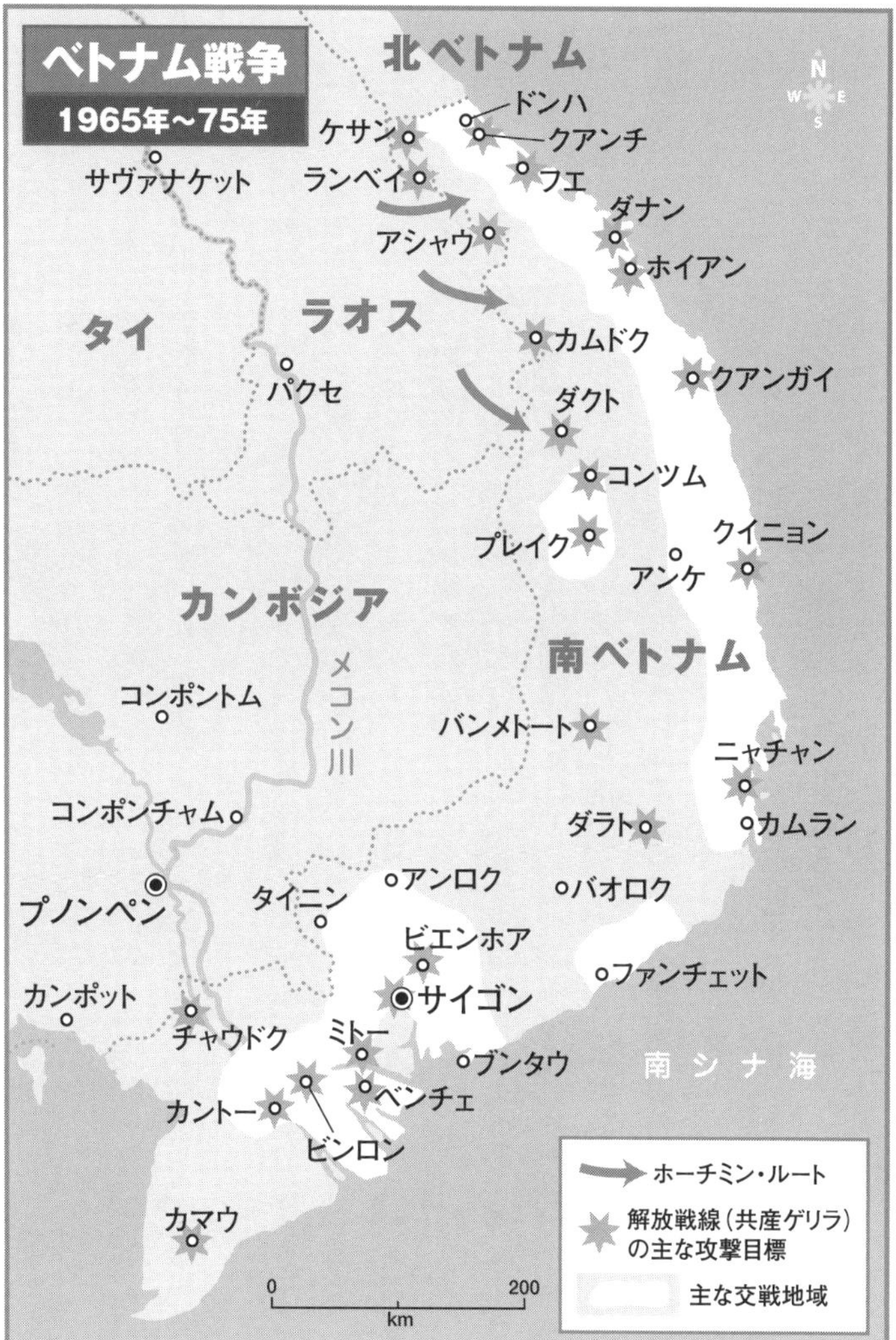

北ベトナムはラオスを経由するホーチミン・ルートを通じて南ベトナムに人員と物資を送り込み、南ベトナム国内での解放戦線（共産ゲリラ）の戦いを支えた。

トは全てベトナム労働党の幹部によって占められており、実質的には北ベトナム政府の南ベトナム支部のような役割を果たす存在だった。

こうした共産勢力の躍進を食い止めるため、ニクソンは第二の「平定」戦略の推進に力を入れ、ジョンソン時代には手を出さなかった「聖域」のラオスおよびカンボジア領も米軍の攻撃目標に含め始めた。

一九七〇年四月二十二日、米軍と南ベトナム軍は共産勢力の軍事的・政治的拠点と思われるカンボジア南東部地域二か所への軍事侵攻作戦を開始した。翌一九七一年二月八日には、南ベトナム軍がラオス南東部のホーチミン・ルートに対し「ラムソン719」と呼ばれる侵攻作戦を開始し、ケサンから伸びる国道9号線を西に進撃した。

しかし、米軍と南ベトナム軍は、それぞれ数週間の戦闘で大量の物資を捕獲・破壊することには成功したものの、北ベトナム軍の人的資源にはほとんど打撃を与えることができなかった。

また、軍事行動がベトナム国外のカンボジアへと波及したことで、ニクソンは議会の強い反発を招き、一九七〇年六月二十四日にはトンキン湾事件当時に大統領権限の拡大を認めた「東南アジアにおける行動に関する議会決議」の撤回が連邦議会で可決された。

カンボジアとラオスへの軍事侵攻で、国民からの猛烈な批判に晒されたニクソンは、これ以降「平定」戦略の遂行を、非軍事的手段を中心に行わざるを得なくなったのである。

栄光なき帰還——米軍の撤退開始

キッシンジャーの秘密外交

ベトナムの国内外で軍事的衝突が続いていた一九六九年八月四日、ニクソン政権の安全保障[*6]担当大統領補佐官ヘンリー・キッシンジャーは、世界各国を歴訪中のニクソン大統領の側を離れて単独でフランスのパリに飛び、各国記者団の目を欺きながら、ベトナム側の和平交渉団の主席代表スァン・トイと秘密裡に会談を行った。

ニクソン大統領は、その二か月前の六月八日、ベトナムからの段階的撤退の第一陣として、八月末までに二万五〇〇〇人の米兵を撤退させると発表していた。

北ベトナムとの和平交渉の実現に楽観的な見通しを抱いていたキッシンジャーは、欧米式の

＊6　安全保障担当大統領補佐官＝「国家安全保障問題担当大統領補佐官」、「国家安全保障担当補佐官」などと表記されることもある。大統領に対して外交および国防全般にわたり、幅広く助言や政策立案などを行う。補佐官とはいえ、地位的には国防長官や国務長官と並ぶ権限を持つ。もともとアイゼンハワー大統領時代に設置され、当初は「特別補佐官」だったが、キッシンジャー時代から「補佐官」となった。

外交スタイルを理解できるホー・チ・ミンがこの外交的シグナルを正しく認識して、アメリカ側が本気で交渉による解決を望んでいることを確信すれば、かつてジュネーブで開かれたインドシナ戦争の和平会議と同様、パリでの和平交渉は一気に進展するはずだと考えたのである。

ところが、ここでキッシンジャーの計算を大きく狂わせる事件が発生する。

数年前から病床に伏していたホー・チ・ミンが、ベトナム戦争の結末を見届けることなく、九月二日にこの世を去ってしまったのである。

ホー・チ・ミンの後を継いだ北ベトナムの政府高官は、口々に「アメリカの撤退宣言は見せかけにすぎない」と不信感を露わにし、パリでの和平交渉は間もなく暗礁に乗り上げてしまう。キッシンジャーは、一九七〇年二月から四月にかけて、スァン・トイに代わって和平交渉の代表者となった北ベトナム政界の大物レ・ドク・トとパリで秘密会談を重ねたものの、米軍によるカンボジア侵攻作戦などの攻勢が現地で繰り広げられている状況下では、和平交渉の進展など望むべくもなかった。

一九七〇年六月三十日、カンボジア国内からの米軍部隊の撤退が完了すると、ニクソンは七月一日に穏健派の外交官デビッド・ブルースをパリ会談のアメリカ側代表に任命し、交渉再開に向けた政治的努力を再開した。さらにニクソンは、キッシンジャーの提言に従い、和平の条件から「南ベトナム国内からの北ベトナム軍の退出」という項目を外すという妥協案を提示したが、北ベトナム側の態度が軟化する兆しは見られなかった。

外交のセオリー通りに進展しない和平交渉の展開を見て、キッシンジャーは次第に苛立ちを募らせ始めた。そして彼は、状況を一挙に打開するため、自らの主導で世界中を驚愕させる外交上のスーパープレイを行うことを決断し、ニクソン大統領に提言した。

ソ連と並ぶ北ベトナムの最大の後援者である中国を、和平交渉でアメリカ側に引き入れてしまおうと画策し始めたのである。

ベトナムをめぐる中ソの不協和音

大統領補佐官に就任した当時、キッシンジャーは東西冷戦におけるアメリカの主敵であるソ連以上に、中国に対して大きな不信感を抱いていた。

彼はその理由について「中国がどんな国家なのか理解できなかったからだ」と回想しているが、インドシナ戦争の時代からベトナムの共産勢力を支援し続けてきたこの極東の大国が、ベトナムの将来についてどのようなビジョンを抱いているのかは、依然としてキッシンジャーには理解不能の謎だった。

すでに述べたように、アメリカが本格的にベトナムへの軍事介入を開始した一九六五年以降、中国はアメリカとの新たな直接対決を恐れて、北ベトナムが遂行する対米戦争とは距離を置く方針を貫いていた。しかし、可能性が低いとはいえ、自国の南側面に隣接する北ベトナムの領土内へと陸上戦闘が拡大し、米軍の進撃によって北ベトナムの共産主義政権が倒されるという展開も、あり得ないとは言い切れなかった。

そのような事態を回避するため、中国は一九六五年から一九七三年までの間に、高射砲と鉄道輸送隊を主力とする延べ一五万人の人員を北ベトナム領内へと送り込み、北ベトナムの本土防衛に大きな助力を与えていた。

つまり、アメリカに敵対的と見なされる可能性のある攻撃的な軍事支援こそ控えていたものの、中国は依然として北ベトナムへの関与を継続しており、また北ベトナム側にとっても決して失うことのできない後援者だったのである。

そのような複雑きわまりない中越関係に着目したキッシンジャーは、ベトナム和平の問題を、ニクソンが大統領就任直後から密かに可能性を探っていた米中両国間の国交回復問題とリンクさせるアイデアを思いついた。そして一九六九年の春から夏にかけて、中国とソ連の国境地帯で大規模な銃撃戦が相次いで発生し、中ソ関係が一気に険悪化すると、キッシンジャーはこれを千載一遇のチャンスと見て、中国側の出方を徹底的に分析した上で、米中の外交関係樹立に向けた政治工作を水面下で開始させた。

一九七〇年一月二十日、ポーランドのワルシャワでアメリカと中国の大使級会談が開かれたのをきっかけに、米政府機関は一九四九年の国共内戦終結以来、初めて共産中国を「中華人民共和国」という正式名称で呼ぶようになり、朝鮮戦争では敵として戦った中国との距離を徐々に縮めていった。

一方、中国の最高指導者・毛沢東も、長い国境を接する超大国ソ連に対抗する戦略上、アメリカとの同盟関係樹立に魅力を感じており、彼は一九七一年三月五日、側近の周恩来に次のようなメッセージを託してハノイへと派遣した。

「中国はベトナム戦争に介入するつもりはない。なぜなら、アメリカはインドシナ半島から撤退しつつあると信じられるからである」

米中双方の戦略的利害が一致したことで、両国の関係改善は急速に進展した。

一九七一年七月九日、公務でパキスタンに滞在していたキッシンジャーは、病気を理由に記者団の前から姿を消すと、米中の非公式外交の仲介役を務めていたパキスタン政府が用意した専用機に乗り込み、隠密裏に北京を訪問した。

三日間にわたるキッシンジャーと周恩来の秘密会談は数多くの成果を生み、七月十三日に帰国したキッシンジャーから報告を受けたニクソンは、二日後の七月十五日、全世界に向けて衝撃的な内容のテレビ演説を行った。

「中華人民共和国の周恩来首相から提案された、アメリカ大統領による初めての同国への公式訪問の招聘を、私は喜んで受諾することにした。米中両国関係の正常化を目指す首脳会談の実現で、双方の側に関心のある諸問題についても意見交換がなされよう」

北ベトナム軍の春期大攻勢

一九七二年二月二十一日、ニクソンは大統領専用機で北京の空港に降り立ち、中華人民共和国の成立後初めての米大統領の訪中という、歴史的な一歩を踏み出した。

この外交上の大事件は、東西冷戦の対立構造を踏まえ、米中両国を犬猿の仲と見なしていた世界各国の政府に大きな衝撃を与えたが、最も強いショックを受けたのは、他でもないハノイの北ベトナム政府だった。

長年にわたる北ベトナムの後援者であったはずの中国が、あろうことか交戦中の敵国であるアメリカと手を結んでしまったのである。

北ベトナムの新聞は「溺れる泥棒に浮き輪を与えるようなものだ」と連日厳しい中国批判を繰り広げたが、北京の毛沢東と周恩来にとっては、直接的な自国の利益に結びつかないベトナム問題よりも、現実の脅威として自国の安全を脅かす対ソ問題の方がはるかに重要な懸案事項だった。

もはや批判だけで中国政府の姿勢を変えることは不可能だと悟った北ベトナムの指導部は、彼らが行使できる唯一の手段で、状況を好転させようと試みた。

ニクソン訪中から約一か月が経過した一九七二年三月三十一日、ソ連製T―54、T―55、PT―76戦車約二〇〇両を含む四万人近い北ベトナム正規軍部隊が、北緯一七度線の非武装地帯を越えて、南ベトナム領内へとなだれ込んだ。開始日がキリスト教の聖金曜日（復活祭）だったことから「イースター攻勢」と呼ばれることになるこの大攻勢は、ボー・グェン・ザップ国防相が自ら立案した作戦で、翌四月一日にはサイゴンに近いカンボジア国境からも一万五〇〇〇人の北ベトナム軍部隊が出撃し、ソ連製重火器と誘導ミサイルを駆使する猛攻に晒された南ベトナム政府軍は、各地で次々と撃破されていった。

米中の接近によってパリでの和平交渉の引き延ばしが期待できなくなった以上、北ベトナム政府がとるべき方策は、かつて日露戦争末期に日本軍が行ったように、自軍の支配権を少しでも拡大しておくことだった。

南ベトナムでは、すでに米軍の段階的撤退が約五万人を残してほぼ完了していたのに加え、アメリカに同調してベトナムに部隊を派遣していた韓国（最大時兵力五万人）、タイ（同一万二〇〇〇人）、オーストラリア（同八〇〇〇人）、フィリピン（同二〇〇〇人）、ニュージーランド（同六〇〇人）、台湾（同三〇人）、スペイン（同一〇人）の同盟軍部隊も一九七一年中に撤退しており、南ベトナムの領土防衛という任務は同国の政府軍に委ねられていた。

しかし、ニクソンの言う「ベトナム化」の実現によって、南北ベトナム間の軍事力のバランスは北側の優位へと一挙に傾いており、南ベトナム政府軍が単独で戦局を挽回できる見込みはほとんどなかった。共産勢力の新たな攻勢に危機感を覚えたニクソンは、B―52の増派による北ベトナムへの報復爆撃や、地上戦闘に対する米空軍機による航空支援などを決定したが、ほとんど効果は上がっていなかった。

苛立ったニクソンは、四月二十五日に国務省の建物でキッシンジャーと対応を協議していた際、突然「私はむしろ核兵器を使ってみたいと思う」と発言し、キッシンジャーを驚かせた。「それはやりすぎだと思います」とキッシンジャーに咎《とが》められたニクソンは「やはり困るかね。とにかく、もっと効果が大きなのを考えてほしい」と答えたが、キッシンジャーはすでにベトナム戦争の舞台は南ベトナムからパリでの和平会議へと移行したものと考えており、軍事力で事態の収拾を図るつもりなど毛頭なかった。

彼にとっては、ベトナム戦争はすでに「終わりの見えた戦争」だったのである。

サイゴン陥落とベトナム戦争の終結

最後のアメリカ兵のベトナム離脱

一九七二年四月十九日、キッシンジャーは政府専用機で密かにモスクワを訪問し、ソ連の最高指導者レオニード・ブレジネフ書記長と三日間にわたる秘密会談を行ったが、その際に話し合われた話題の半分以上は、ベトナム問題で占められていた。

具体的な外交的成果こそ生まれなかったが、この秘密会談をきっかけに公式な米ソ関係も徐々に好転し始め、北ベトナム政府は国際政治のパワーゲームの中で、ますます孤立感を深めていった。

中国にとっての対ソ国境問題と同様、当時のソ連政府もまた、ベトナム問題よりもはるかに重要な政治的・軍事的問題を抱えていた。

戦略核兵器の制限に関するアメリカとの交渉である。

米ソ両国の首脳部は、移動可能な地上発射式大陸間弾道ミサイル（ICBM）や核ミサイルを搭載可能な潜水艦に関する制限の策定と遵守が、両国の緊張をコントロール可能なレベルに維持するためには不可欠であるとの認識で一致していた。

そして、一九七二年五月八日にニクソンが演説を行い、北ベトナムの港湾に対する機雷封鎖などの一連の軍事的圧力を発表する一方、米ソの協調関係がもたらす長期的な国益上のメリットについて内外に訴えると、ブレジネフは毛沢東に続いて北ベトナムから距離を置くことを決断した。

一九七二年五月二十二日、ブレジネフの招待に応じてモスクワを公式訪問したニクソンは、クレムリンで一週間にわたる首脳会談を行い、戦略兵器制限交渉[*7]（SALT）と並んでベトナム問題についても話し合いを行った。

この会談後の公式発表では、ＳＡＬＴ協定の調印という成果が大きく掲げられたが、アメリカ側はベトナム問題に関しても重要な収穫を手に入れていた。

一か月後の六月十五日、ソ連政府の代表者としてハノイを訪れたニコライ・ポドゴルヌイは、ブレジネフから託されたメッセージを北ベトナム政府首脳に伝えた。

「これまでの戦術を転換し、アメリカと真剣に交渉するべき時が来た」

最大の兵器供給国であるソ連からの圧力は、北ベトナム政府の方針転換に決定的な役割を果たした。ブレジネフは、ニクソン政権の命令によるベトナムからの米軍撤退は確実に進行しているし、また彼らは南ベトナム領内からの北ベトナム軍の撤退という条件もすでに放棄している以上、ここで和平を受け入れても北ベトナムが敗北したことにはならないとの理屈で、北ベトナム側を納得させようとした。

上層部での激しい議論の末、この説得を受け入れる決定を下した北ベトナム政府は、パリの和平交渉代表者レ・ドク・トに、アメリカ側との交渉を積極的に進めよという指令を送った。

これ以降、パリでの和平交渉は紆余曲折を経ながらも着実に進展し、同年十月にはベトナム和平協定の大筋がキッシンジャーとレ・ドク・トの間で策定された。

一九七三年一月二十七日、アメリカ、北ベトナム、南ベトナム（グエン・バン・チュー政権）、南ベトナム共和臨時革命政府（旧解放戦線）の四者の代表がパリでベトナム和平協定の正式調印を行い、ベトナム戦争は終結に向けた最終段階に入った。

二か月後の三月二十九日には、南ベトナムに駐留する最後の米軍人が撤退を完了し、これによって海兵隊のダナン上陸から約八年にわたって続いてきた「アメリカにとってのベトナム戦争」にピリオドが打たれたのである。

南ベトナム政府の崩壊

インドシナの泥沼からの撤退を急ぐアメリカと、中ソ両国からの圧力に押された北ベトナムによる、政治的な妥協の産物として生まれたパリ和平協定は、基本的には一九五四年のジュネーブ協定（インドシナ戦争の停戦協定）の焼き直しに過ぎなかった。

だが、北緯一七度線を「南北ベトナムを隔てる国境」ではなく「統一総選挙までの停戦ライン」と規定するジュネーブ協定が再確認されたことは、アメリカという強力な後ろ盾を失って

＊7　戦略兵器制限交渉（**SALT**）＝核兵器の軍拡競争を抑制するために、一九六九年から米ソ両国の間で話し合われた戦略核戦力を制限するための交渉。一九七二年に条約締結となった。これは第一次戦略兵器制限交渉（SALTⅠ）と呼ばれ、大陸間弾道ミサイル（ICBM）と潜水艦発射弾道ミサイル（SLBM）の追加配備を禁止した軍備管理的な内容だった。このため戦略爆撃機も含めた運搬手段とMIRV（一発のミサイルに複数の弾頭を搭載すること）の制限が第二次戦略兵器制限交渉（SALTⅡ）として話し合われ、一九七九年に調印された。しかし同年に起こったソ連のアフガニスタン侵攻によって米議会の批准が得られず、一九八五年に期限切れとなった。

政治的に劣勢に立つ南ベトナムのチュー政権にとっては大きな打撃だった。

南ベトナム国内でのチュー政権の支持率は、汚職の蔓延と経済状況の悪化によってすでに低迷しており、もし南北統一の総選挙が実施されたなら、チュー政権に勝ち目はなかったからである。このためチュー大統領は、共産勢力の樹立した革命政府が南ベトナム国内で政治活動を行うことを認めず、停戦発効後も解放戦線に対する武力攻撃を止めようとはしなかった。

一方、北ベトナム側ではパリ和平協定の調印から半年後の一九七三年七月、ハノイで労働党第二一回中央委員会総会を開き、南ベトナムに対する全般的な戦略を策定したが、その内容は「南の政府軍が攻撃した場合には強力な反撃を行うが、そうでない場所で新たな攻勢を行うことはしない」という守勢的なものだった。

北ベトナムは、この段階ではまだ米軍が再び介入する可能性を捨てておらず、南ベトナムでの共産勢力の支配地域を慎重かつ確実に強化する戦略を選んだのである。

しかし、南ベトナム各地で発生する散発的な交戦の内容について、現地からの報告を受けた臨時革命政府の幹部たちは、南ベトナム政府軍の戦闘意欲が予想以上に低下していることを見抜き、すぐに全面的な攻勢に移るようハノイの指導部に進言した。

一九七四年十二月十八日から一九七五年一月八日にかけて、ハノイで再び労働党の政治局会議が開かれ、もはやアメリカの再介入なしと確信した北ベトナム政府は、パリ和平協定を事実上破棄して南ベトナムに対する全面的な軍事攻勢の開始を決定、総参謀長バン・ティエン・ズン自らがその指揮を執ることとなった。

北ベトナム政府の計画では、南ベトナム全土の制圧には二年程度を要するものと想定されていたが、一九七五年三月十日に中部高原（タイグェン）で最初の大攻勢が始まると、南ベトナム政府軍は満足な抵抗もできずにドミノ倒しのように次々と壊滅し、共産勢力の攻勢は一挙に南ベトナム全土へと拡大した。

三月二十六日には古都フエが共産勢力の手に落ち、三月二十九日には要衝ダナンが陥落した。自軍の攻勢が予想よりもはるかに順調に進展しているのを見た北ベトナム政府は、当初の計画を大幅に修正して雨期の到来（五月）までにサイゴンを陥落させるという目標を立て、四月二十六日にサイゴンへの総攻撃を開始した。

「ホーチミン作戦」と命名されたサイゴン攻撃作戦は、事実上サイゴン市内に残る南ベトナム政府軍の掃討作戦となり、チューとカオ・バン・ビェン統合参謀本部長は四月二十六日中にサイゴンを脱出、四月二十九日にはグエン・カオ・キも米軍の艦艇で逃亡した。

一九七五年四月三十日、チューの後継者ズォン・バン・ミンは事実上の無条件降伏宣言を発表し、これによってベトナム共和国（南ベトナム）の地名は地球上から姿を消した。南北ベトナムの国土を荒廃させたベトナム戦争は、北ベトナムの勝利と共にその幕を閉じたのである。

だが、ベトナム戦争の終結によって、インドシナ半島における戦乱の炎が消えたわけではなかった。ニクソン訪中をきっかけに、友好関係から一転して相互不信を募らせていた中国とベトナムが、中越国境とカンボジアを舞台に、新たな戦争へと突入したのである。

第六章
ラオス・カンボジア紛争

インドシナの戦火は、長く苦しかったベトナム戦争の終結後も消えることはなかった。共産主義勢力同士の戦い、内戦、そしてカンボジアのポル・ポト政権による非人道的な殺戮はなぜ起こったのか。東西冷戦の枠組みの中で、アメリカ、ソ連、中国の思惑に翻弄され、大量の犠牲者を出し続けたカンボジアとラオスの紛争について、政治と軍事の両面から、その全体像を読み解く。

互いに憎み合う二つの共産主義勢力

ソ連と中国に後押しされた北ベトナムと、アメリカの支援を受けた南ベトナムの間で戦われたベトナム戦争は、最終的には米軍の撤退と南ベトナムの崩壊という結末を迎え、南北ベトナムは社会主義を標榜する統一国家として新たな一歩を踏み出した。

そして、サイゴン周辺に残る南ベトナム軍の残兵が次々と北ベトナム軍によって撃破されていた一九七五年四月、隣国カンボジアでも北ベトナムと協力関係にある「クメール・ルージュ（赤色クメール）」と呼ばれる共産主義勢力が、首都プノンペンを武力で占領して、ロン・ノル元帥を国家元首とする親米政権を打倒することに成功していた。

長く苦しい戦いの果てに放棄した南ベトナムに続いて、カンボジアまでもが共産主義者の手に落ちたことは、米政府にとっては悪夢としか言いようのない結末だった。

単純な東西冷戦の構図で見れば、この状況は明白な「東側陣営」の勝利だった。

ところが、反米戦争では互いに助け合っていたはずのベトナムとカンボジアの共産主義勢力は、それぞれの後援者であるソ連と中国が政治的な対決姿勢を強めてゆくのに従い、それに引きずられる格好で、次第に反目と相互不信の時代へと突入することになる。

そして、サイゴンとプノンペンの陥落からわずか三年後の一九七八年には、ソ連製兵器を装備したベトナム軍の大部隊が、中国の支援下にあるカンボジアのポル・ポト政権を打倒するためにカンボジア領内への軍事侵攻を開始し、共産主義国同士での新たな戦争を始めてしまうのである。

せっかく「共通の敵」であるアメリカをインドシナ半島から撃退することに成功したにもかかわらず、ベトナムとカンボジアの共産主義勢力はなぜ「協調」ではなく「対決」という道を選び、長い戦争で疲弊した国民を新たな戦争へと駆り立てていったのか。

その背景を知るためには、ベトナムでの数度にわたる大規模な軍事紛争の傍らで静かに繰り返された、ラオスとカンボジア国内での内戦の歴史に目を向けなくてはならない。

二十世紀後半におけるインドシナ半島での紛争の歴史は、南北ベトナムの支配権をめぐる東西両陣営の大国の争いであったのと同時に、現地に住むさまざまな民族や政治勢力による支配権争奪のための「骨肉の争い」でもあった。

そして、このような同国人による内戦の炎は、アメリカや中国、ソ連などの大国から送り込まれる武器と弾薬によってその規模を拡大し、ついにはインドシナの肥沃な大地を、民族の命運を左右するほどの「殺戮の野（キリングフィールド）」へと変えてしまうことになるのである。

ラオス・カンボジア紛争前史

クメール王朝とランサン王朝の盛衰

インドシナ半島の中枢部に位置するラオスとカンボジアは、東南アジア有数の大河メコン川の流域に沿って人々が暮らすのどかな農業国であり、他国との交易に依存しない自給自足の社会を古来築きあげてきた。

ラオス国民の約六割を構成するラオ族と、カンボジア国民の約九割を占めるクメール族は、それぞれ独自の王朝国家を礎とする歴史を持ち、東のベトナム（安南）および西のタイ（アユタヤ）、ビルマなどの脅威に晒されながらも独自の道を歩んできた。

カンボジアのクメール族が、アンコール遺跡群（九〜十三世紀）に象徴される統一的な王朝国家を創り上げたのは、九世紀の初め頃だったと言われている。クメールの古代物語で「太祖カンプーの子孫たち」を意味する「カンプーチャ」と名付けられたこの王国は、最盛期には西のシャム湾（タイランド湾）一帯から現在のベトナム南部をも勢力圏の版図に含めていたが、十五世紀に入るとタイとベトナムの侵攻を受けて弱体化し、都を転々と移しながら、国土の規模を縮小していった。

一方、現在のラオスおよびタイ東北部にまたがる地域では、ラオスのラオ族が十四世紀の中頃に王朝国家「ランサン（『百万の象』の意）」を創建し、メコン川流域の都スワー（現在のルアンパバーン）を中心に繁栄していった。

ランサン王朝の初代国王ファー・グムは、カンプーチャで教育を受けた人物であり、ラオ族の王国もまたクメール族からもたらされた小乗仏教の信仰を受け入れたが、十六世紀頃に西のビルマ（タウングー王朝）が領土拡大のそぶりを見せると、ランサン国王セタティラートは都をスワーからビエンチャンに移して王国の防備を固めようと試みた。

しかし、十七世紀の終わり頃になると、ランサン王国の王位継承権などを巡って内乱が発生し、十八世紀初頭には北部のルアンパバーン、中部のビエンチャン、南部のチャンパサックに分裂してしまう。王国の結束を失ったラオ族は、これ以降ビルマとタイの歴代王朝に翻弄され、十八世紀末には三国全てがタイのトンブリー王朝の支配下に入った。

一方、カンボジアのクメール王朝も十八世紀にタイとベトナムによる東西からの領土拡張攻勢を受けて弱体化し、クメールの重要な農産地だったメコン川下流の肥沃なデルタ地帯もベトナム人に奪われてしまった。

フランスの植民地支配時代

十九世紀に入ると、西欧の列強が東南アジアでも植民地獲得競争に乗り出し、一八五八年八月のフランス軍によるベトナム進駐をきっかけに、インドシナ半島の勢力地図にも大きな変動が起こった。

中国（清朝）の影響力を排除しながらベトナムの保護国化を進めたフランス（第四章を参照）は、ベトナムの隣国カンボジア王国とも一八六三年に保護条約を結び、事実上の植民地として支配下に置くことに成功していた。

一八八七年、フランスはベトナムを構成する三つの地域（トンキン保護領、アンナン保護国、コーチシナ直轄植民地）とカンボジア王国を「インドシナ連邦」として一元的な統治下に置くことを決定するのと同時に、インドシナ半島中部のランサン三国にもその食指を動かし始めた。

タイとの間でランサン三国の争奪戦を繰り広げたベトナムの後援者として、ラオスの戦いに加わったフランスは、強力な軍事力でタイの軍勢を西に押し戻して、一八九三年十月三日にタイのバンコクで講和条約（バンコク条約）を締結した。

フランスとタイとの間で結ばれた条約によると、ビエンチャン王国のメコン川以西（現在のタイ東部）はタイの領土となったものの、ビエンチャンの残りの部分とチャンパサック王国はフランスの直轄植民地「仏領ラオス」となり、ルアンパバーン王国もフランスの保護領と定められて、ビエンチャンにはフランス人の高等弁務官府が開設された。

この、ランサン三国のフランス支配下への編入を定めた「ランサン処分」によって、フランスは同地域の地名を「ラオス（ラオ人の複数形）」と改め、かねてからの計画通り、インドシナ連邦への同国の編入を実施した。

稲作中心だったインドシナ半島の農業は、宗主国のフランスにとって都合の良いゴムやコーヒーのプランテーションへと徐々に切り替えられ、世界的な工業技術の進歩で価値の高まった各種鉱物資源の採掘も開始された。

一九〇七年、フランスはタイとの間で領土の交換交渉を行い、クメール領だったマレー半島のクラ地方をタイに与えるのと引き換えに、十八世紀にタイがクメールから奪い取っていた境界の三州がカンボジア領として復帰した。

こうして、現在のインドシナ三国を構成する全ての領土が、宗主国フランスの植民地支配下へと編入された。各国の「王朝」は形式的には残されたが、全ての決定はサイゴンの豪邸に住むフランス人の高等弁務官が下し、各国王は事後承諾の形で「バ、バ（クメール語で「はい、はい」の意）」と承認する時にだけ存在価値を認められた。

第二次世界大戦とラオス・カンボジア

このようなラオスとカンボジアにおけるフランスの植民地支配も、第二次世界大戦の勃発翌年の一九四〇年六月に発生した、フランス本国政府のナチス・ドイツへの降伏という大事件の発生により、根底から揺り動かされることになる。

第四章で述べた通り、インドシナのフランス統治当局は、新たに軍事的支配者として登場した大日本帝国と協調関係を築き、同地の統治権を維持しようとしていたが、一九四五年三月には日本軍がインドシナ半島全域でフランス軍部隊の武力解除を行い、インドシナ半島におけるフランスの影響力は一時的に消し去られた。

主要交戦国であるアメリカの部隊がインドシナ半島に上陸することを恐れた日本軍首脳部は、まず三月十一日にベトナムを独立させて「インドシナ連邦」を解体させ、三月十二日にカンボジア、四月八日にはラオスの独立をも承認した。

このようにして形式的な独立を認めてやれば、フランス統治下で辛酸を嘗めさせられたインドシナ各国の住民は、フランスの同盟国であるアメリカ・イギリス連合軍が上陸してきた時、日本の味方として一緒に抵抗してくれるのではないかと考えたのである。

しかし結局、インドシナ半島への連合軍による上陸作戦は実施されず、日本軍が一九四五年八月に連合国へと無条件降伏した後は、彼らが蒔いた「民族独立」への気運だけがインドシナの人々の心に残された。

そして、いったんはナチス・ドイツに屈服したフランスが「戦勝国」として再びインドシナへと乗り込んできた時、インドシナ三国の民族指導者は国民に独立闘争への参加を呼びかけ、インドシナ半島は新たな戦乱の時代へと突入することになるのである。

カンボジアでは、クメール王朝の流れを汲む二大名家として知られるノロドム家とシソワト家の間に生まれたノロドム・シハヌークが、一九四五年三月十二日の独立に伴って新生カンボジア王国の国家元首に就任した。

当時二三歳だったシハヌークは、フランス統治下にあった一九四一年にはすでに、祖父モニボン王の死去と共に名目的な王位の継承を済ませていたが、彼はそれから数年間にわたりカンボジア国内を全国行脚して、各地の生活状況を自らの目で確かめながら、農民たちの不満にも積極的に耳を傾けていた。

こうした彼の行動は、カンボジア国内の貧しい人々から好意的に迎えられ、ノロドム・シハヌーク国王の名は間もなく「カンボジアで最も尊敬できる人物」として辺境の村々にまで浸透していった。民衆レベルでの信頼を勝ち取ったシハヌークは、長年にわたるフランス統治からの完全脱却という悲願の実現に向けて「カンボジアの王」としての指導力を発揮してゆくことになるが、その前途にはまだまだ多くの障害が待ち受けていた。

インドシナ戦争とベトナム戦争の余波

ラオスでの共産主義勢力の躍進

カンボジアに続いて一九四五年四月八日に独立を果たしたラオス王国では、王位に就いたルアンパバーン王朝のシサバン・ボンがシハヌークほどの国民的な人望を持たなかったことから、独立当初から国内の政治状況は混迷状態に陥っていた。

シサバン・ボン国王の下で副王を務めていたビエンチャン国出身のペサラート親王は、第二次世界大戦中から積極的に日本側へと協力することで、フランス排斥の急先鋒を担っていたが、日本降伏後の九月十五日にペサラートがラオス首相として改めて同国の独立を内外に宣言すると、フランスはペサラートを解任するようシサバン・ボンに詰め寄った。

これに対し、あくまでフランスのラオス復帰を拒絶するペサラートの一派は、十月十二日にビエンチャンでクーデターを行い、臨時政府「ラオ・イサラ（自由ラオス）」の樹立を発表する。

穏健派のシサバン・ボンは、ラオス人同士での内戦を避けるため、十一月に退位を宣言し、これによってラオ・イサラ政府はラオス国内を掌握したかに思われた。しかし、翌一九四六年三月にフランスが軍隊をラオスに派遣すると、軍事的に弱体なラオ・イサラは間もなくラオス国内から一掃され、タイへと脱出した。

再びラオス全土を平定したフランスは、同年四月にシサバン・ボンを復位させ、一九四九年七月十九日に「フランス連合への加入」と引き換えにラオスの独立を承認した。

一方、タイに逃れていたラオ・イサラの幹部のうち、穏健派のスバンナ・プーマ親王らはラオスへと帰国して、国王への帰順を条件に公職へと復帰した。

しかし、急進派のスファヌボン親王をはじめとする一派は、ベトナムへと拠点を移し、一九五〇年八月に新たな反仏抵抗組織「ネオ・ラオ・イサラ（ラオス自由戦線：後にラオス愛国戦線と改称）」をハノイで結成して、フランスに協力的な現政権の打倒を目指す武力闘争を開始した。

ネオ・ラオ・イサラは、その結成地が示す通りホー・チ・ミン率いるベトミン（越盟：ベトナム独立同盟会）の支援を受けて結成された左派（共産主義）組織で、スファヌボンとホー・チ・ミンは一九四六年七月以来、フランス支配権の排除という共通の目的を持つ「同志」として親交を結んでいた。ネオ・ラオ・イサラは、ラオス国民に反仏闘争を呼びかけるための機関紙「パテト・ラオ（ラオ人の国）」を発行し、国境のジャングルを越えてラオス国内へと持ち込んで、辺境の村々へと配布した。

このようなネオ・ラオ・イサラの宣伝活動は、社会主義的な国家づくりの提案も含め、フランス統治下で苦しんだ農民たちの支持を集めるようになり、機関紙「パテト・ラオ」の名はラオス国内の共産主義勢力全体を表す呼称として広く用いられるようになる。

そして、ベトナムのベトミンとラオスのパテト・ラオ、そしてカンボジア国内で第二次世界大戦中に結成された反仏の民族主義組織「クメール・イサラク（自由クメール）」の三組織は、一九五一年に統一戦線を結成して、当面の敵であるフランス軍をインドシナから放逐するために手を結んだのである。

ラオスとカンボジアの完全独立

一九四六年十一月二十三日に発生したハイフォン港への砲撃事件をきっかけに、ベトナムはフランスとの戦争状態（インドシナ戦争：第四章）に突入したが、ラオスとカンボジアは最初のうち、この戦争にはほとんど関与していなかった。国内での左派勢力がまだ少数派にとどまっていたため、積極的なベトミン支援を行えなかったからである。

しかし、一九五一年の反フランス統一戦線結成を機に、ラオスのパテト・ラオとカンボジアのクメール・イサラクは、主にジャングル内での物資輸送路の提供という形で、ベトミンの反仏闘争に加担してゆくようになる。

北部の山岳地帯に本拠を置く当時のホー・チ・ミン政権にとって、パテト・ラオとクメール・イサラクの協力は、ベトナム全土で武力闘争を続ける上で欠かすことのできない「頼みの綱」と言えた。もしラオスおよびカンボジア東部のジャングルを通過する物資輸送路（後の「ホーチミン・ルート」）が途絶すれば、ベトナム中南部の親ベトミン勢力は補給を断たれて戦闘力を喪失してしまうからである。

インドシナ戦争の泥沼化に嫌気が差したフランスは、もはや従順な植民地として活用できる見込みのなくなったインドシナ三国を手放すことに決め、一九五三年十月二十二日にはまずラオスが、同年十一月九日にはカンボジアが、それぞれ司法・警察・軍事の主権を含む完全独立を達成した。カンボジア国内に残っていたフランス軍駐留部隊も、翌一九五四年七月のインドシナ和平会議（ジュネーブ会議）で全面撤退が決められ、一九五五年一月には最後のフランス兵がカンボジアの地を後にした。

こうして、一九五四年のジュネーブでの和平会議を機に、インドシナ三国はフランス統治からの脱却という積年の悲願を成就した。だが、三国それぞれの国内に目を向けると、依然として問題は山積したままだった。

ラオスとカンボジアは、ベトナムのように国土を分断されることはなかったものの、フランスという共通の敵を失った国内の政治勢力は、右派の民族主義勢力と左派の共産主義勢力に分裂し、政権奪取に向けた政治闘争に血道を上げるようになっていた。

そして、左右両派による終わりのない政治闘争は、フランスに代わる新たな大国の介入を招く呼び水となってしまう。南ベトナムへの全面的な肩入れを進めていたアメリカが、ラオス国内の政争にも関心を持ち始めたのである。

東西冷戦構造とラオス内戦

一九五〇年代前半の米政府にとっての最大の関心事は、共産主義勢力による世界的な勢力圏の拡大だった。

とりわけインドシナ半島問題に関しては、一国が共産化すれば連鎖反応のように隣国へと共産化の動きが波及するという「ドミノ理論」が現実的な脅威として米政府高官の間で信じられており、アメリカは東南アジアの親米国を集めて一九五四年九月に「東南アジア条約機構[*1]（SEATO）」を結成、ラオスをその条約による保護地域に指定した。

東南アジア条約機構とは、ヨーロッパの「北大西洋条約機構（NATO）」のアジア版に当たる自由主義諸国の同盟機構で、その主な目的はソ連を中心とする共産主義国の勢力拡大を食い止める「防波堤」としての役割を果たすことにあった。

ラオス国内では、一九五七年十一月に旧国王派とパテト・ラオとの間で和解が成立し、プーマを首班とする連合政権にスファヌボンも参入する形で国政の統一が図られていた。しかし、共産主義勢力との連立政権を快く思わないアメリカは、親米派のプイ・サナニコンをリーダーとするラオスの右派勢力に資金や物資の援助を注ぎ込んで、現政権の不安定化工作を開始させた。

＊1　**東南アジア条約機構（SEATO）**＝アメリカ・イギリス・フランス・ニュージーランド・オーストラリア・フィリピン・タイ・パキスタンの八か国で結成された反共産主義軍事同盟。本部はタイのバンコクに置かれ、共同の軍事演習なども行われた。しかし、一九七三年にパキスタンが、一九七四年にフランスが脱退し、一九七七年に解体となった。

1954年に撮影されたラオスの左派（共産主義）組織パテト・ラオの兵士たち。

一九五八年七月、サナニコンに率いられた右派勢力が政変を起こし、中道派のプーマ政権は崩壊した。新政府の首相となったサナニコンは、翌一九五九年にジュネーブ協定の破棄を宣言し、国軍を投入してパテト・ラオ勢力の一掃に乗り出した。劣勢に立たされたパテト・ラオ勢力は、救いの手を「アメリカの敵」ソ連に求めた。

これをきっかけに、ラオス国内はアメリカの支援を受けた反共右派勢力と、ソ連に後押しされた中道・左派連合勢力による、事実上の内戦状態へと陥った。その結果、一九六〇年八月八日、中道派の軍人コン・レー大尉に指導されたクーデターが成功して親米政権は倒され、再びプーマが政権の座に返り咲いた。

しかし、ホワイトハウスの高官たちは諦めなかった。

アメリカは、反共思想の強い右派のプーミ・ノサバン将軍を新たな指導者として担ぎ出し、チャンパサック王家の流れを汲むブン・ウム親王を形式的な首相として御輿に乗せる形で、ラオス南部に親米のラオス新政府を樹立させたのである。

これ以降、双方とも決定的な戦果を挙げることなく、ラオス内戦は一進一退の攻防を続けていたが、一九六一年一月にジョン・F・ケネディがアメリカの新たな大統領に就任すると、アメリカのラオスに対する干渉工作は次第に縮小されていった。

南北ベトナムをめぐる問題が深刻化する中で、米ソ両国がラオス内戦で無為に戦費をすり減らすよりも、中道連立政権を樹立させて、共産主義勢力の進出をそこで食い止める方が合理的だと判断したケネディは、同年五月十六日からジュネーブで開かれたラオス内戦の和平会議に米政府の代表者を参加させて、内戦の収束に向けた働きかけを行った。

交渉開始から一年が経過した一九六二年六月十二日、ラオス国内の三派勢力による和解が成立し、三度目のプーマ連合政権発足と共に、ラオス内戦は一時的に沈静化した。

しかし、南ベトナムに対するアメリカの軍事援助が増大し、北ベトナム対アメリカという対立図式が明白になると、その影響でラオスの連合政府も結束を失い、一九六三年には左派の共産主義勢力が政権を離脱して、ラオスは再び内戦時代へと逆戻りしてしまう。

そして、ベトナム戦争が本格化する一九六五年以降、ラオスとカンボジア国内の共産主義勢力による支配地域は、北ベトナムから南への兵員と補給物資の輸送路兼後方基地として、戦争の行方を左右するほどの重要な役割を果たすことになるのである。

ベトナム戦争の共産ゲリラへの「聖域」の提供

ホーチミン・ルートの開設

米空軍によるベトナムへの北爆が開始された一九六五年の時点で、ラオスの左派勢力パテト・ラオは、北ベトナムに隣接する国土の約半分を支配下に置いていたが、かつてホー・チ・ミンの助力でパテト・ラオを設立したスファヌボンは、その恩義に報いるかのように、北ベトナムの行う反米闘争に対する全面的な支援を約束していた。

北緯一七度線のベンハイ川を境に南北に分断されていたベトナムは、その南北境界線を非武装地帯として遮断されていたため、北ベトナムから南ベトナムの共産主義勢力（解放戦線）へと武器や弾薬を送り込むためには、ラオスとカンボジア領内のジャングルを通過する補給路の開設が不可欠だった。

スファヌボン率いるパテト・ラオは、一九五八年以降、北ベトナムとの国境にあるムジア・

ケオヌア両峠からラオス南部のボロベン高原を経てカンボジアに至る長大な物資輸送ルートを北ベトナム軍に提供し、ルート沿いの各地には大規模な物資集積所や休息所、食堂、自動車修理工場などの各種施設も用意していた。

一方、ホーチミン・ルートの「下流」に当たるカンボジアでも、一時的に駐留を許された解放戦線のベトナム人兵士たちが、深いジャングルに開設された物資輸送路の確保に当たっていた。

カンボジア国王のシハヌークは、一九五五年三月にいったん王位を父スラマリットに譲位して政界に足を踏み入れ、自らの理想を具現化した中道政党「人民社会主義共同体（サンクム）」の総裁として政治活動を行ったが、ベトナム情勢の悪化と共に、次第に中国寄りの外交政策をとるようになっていった。一九六三年には南ベトナムのジエム政権による仏教徒弾圧（第五章参照）に抗議して同国との断交を決定し、一九六五年五月にはベトナム戦争への本格的な軍事介入を開始したアメリカとも国交を断絶した。

このようなシハヌークの親北ベトナムの姿勢は、国内の親米右派勢力からの激しい反発を招いたが、シハヌークは意に介せず、北ベトナムと南の解放戦線勢力が、米軍の手出しできない「聖域」として、カンボジア東部に物資補給路や集積所、訓練キャンプなどを設営することを容認し続けた。

シハヌークはまた、タイランド湾に面したカンボジア南部の港シハヌークビル（現コンポンソムン）で中国からの援助物資を陸揚げし、その三分の一をカンボジア軍が受け取りつつ、残りの三分の二を南ベトナムの解放戦線へと送る物資輸送路「シハヌーク・ルート」を継続的に稼働させた。これらの動きをアメリカと南ベトナムから見れば、シハヌーク率いるカンボジアは紛れもない「北ベトナムの同盟者」に他ならなかった。

ところが、北ベトナムに対するシハヌークの積極的な協力姿勢は、皮肉なことに北ベトナムとカンボジアの両国間に大きな政治的亀裂をもたらすことになる。

ベトナム戦争時、ラオス国内のホーチミン・ルートを移動する北ベトナム軍部隊。

カンボジア東部に拠点を築いた北ベトナム兵たちは、間もなく「諸君らの父はシハヌークではなくホー・チ・ミンだ」と記した文書を大量にばらまくようになり、村々に掲げられたシハヌークの肖像を、ホー・チ・ミンのそれと勝手に取り替え始めた。

対米戦争を戦う「同志」へのシハヌークの好意とは裏腹に、北ベトナムのホー・チ・ミン政権は、カンボジアのシハヌークを「同志」とは考えていなかったのである。

米軍のカンボジア・ラオス侵攻

北ベトナム政府がシハヌークに疑念を抱いたのには、いくつかの理由があった。
彼がクメール王朝の末裔で、王制の存続を前提に国づくりを進めていること。共産主義ではなく、仏教の教えと社会主義を融和させた独自の体制を目指していること。そして、最も決定的だったのは、彼が一九六三年以降、カンボジア国内の共産主義勢力に対する苛烈な弾圧を続けていたことだった。

カンボジアで反仏抵抗運動の中核を担い続けてきたクメール・イサラクは、一九五四年のジュネーブ会議を機に、親米右派勢力「クメール・セレイ（解放クメール）」と親中国・親ベトミンの左派勢力「クメール・ルージュ（赤色クメール）」に分裂しており、一九五五年以降はベトミンと協力関係にあるクメール・ルージュが合法政党「人民党」を組織して、少数の支持者と共に細々と政治活動を続けていた。

しかし、親米右派の首相兼国防相ロン・ノル将軍らを通じて、左派の共産主義勢力が政権転覆を計画していると聞かされたシハヌークは、その話を鵜呑みにしてクメール・ルージュの主要幹部を投獄し、一九七〇年までの七年間にわたり、カンボジア国内の共産主義勢力を厳しく取り締まった。

弾圧の口実となった政権転覆計画については、実際にはクメール・ルージュ内部では立案されたことがない架空のもので、シハヌークの親ベトナム政策に反発するロン・ノルの一派が左派とシハヌーク派を分断するために仕組んだ謀略だったとも、カンボジアの北ベトナム支援を快く思わないアメリカのCIA（中央情報局）がロン・ノルに授けた入れ知恵だったとも言われている。

いずれにせよ、曖昧な根拠に基づいて国内での徹底的な「赤狩り」を指示したシハヌークに対して、ベトナムの共産主義勢力が強い不信感を抱くのは当然の成り行きと言えた。彼らは、対米戦の遂行に不可欠なホーチミン・ルートやシハヌーク・ルートを最大限に利用しつつも、カンボジア東部を中心に「反シハヌーク」思想を宣伝して、カンボジア国内でのシハヌークの威信を低下させようとする政治工作を進めていった。

一方、北ベトナム側の動きを知ったシハヌークもまた、裏切られたとの失望感から、それまでの反米姿勢を改め、アメリカとの関係回復に向けた政治工作を開始した。

だが、何かあるたびにふらふらと攻撃の矛先を変える、首尾一貫しないシハヌークの対外政策は、カンボジアの政界でも次第に求心力を失っていき、代わってアメリカの後ろ盾を得たロン・ノルが、プノンペンの実権を掌握するようになっていった。

一九七〇年三月十八日、病気療養のためシハヌークが国外に出ていた時期を見計らってロン・ノル派がクーデターを敢行し、シハヌークを国家元首の座から追放することを内外に宣言した。

カンボジア国内に設営されていた共産ゲリラの「聖域」に手を焼いていたアメリカは、この

北ベトナム軍の補給路や拠点を叩くべく、カンボジアに侵攻したアメリカ軍部隊。

反共派のクーデターを歓迎し、九日後の三月二十七日には、ロン・ノルの承諾を得て米軍三万五〇〇〇人と南ベトナム軍二万五〇〇〇人から成る連合部隊を、カンボジア東部のジャングル（「オウムの嘴」および「釣り針」地区と呼称）へと侵攻させた。この戦いで、ベトナム―カンボジア国境地帯にあった解放戦線の補給基地は大打撃を受け、共産主義勢力は食糧を含む膨大な補給物資を失ってしまった。

この成功に気をよくしたアメリカは、翌一九七一年一月三十日にはラオス南部へも南ベトナム軍を主体とする軍勢を送り込み、ホーチミン・ルートの補給拠点を攻撃した。

しかし、カンボジアとラオスに対する米軍部隊の越境侵攻作戦は、事前に計画を知らされなかった米議会や国民からの強い反発を呼び、一九七〇年六月二十四日にはアメリカの連邦議会で「トンキン湾決議」の撤回が可決されて、米軍はカンボジアとラオスに対する軍事行動の道を閉ざされてしまった。

クメール・ルージュの首都プノンペン解放

一九七三年一月二十七日、アメリカと北ベトナム、南ベトナム（グエン・バン・チュー政権）、南ベトナム共和臨時革命政府（旧解放戦線）四者の代表がパリでベトナム和平協定に調印し、長かったベトナム戦争の終わりが見え始めると、カンボジアとラオスの国内情勢も、その影響を受けて新たな段階へと移行した。

内戦の続くラオスでは、北ベトナムおよびソ連に支援されたパテト・ラオと、アメリカの後押しを受けていた政府軍による攻防が一九六三年から延々と続いていた。

一九六四年五月に開始された米軍機のラオス国内への空爆は、一九六八年三月から激化の一途をたどり、一九六九年にはパテト・ラオの支配下にあった北部のジャール平原を八か月間にわたって爆撃、民間人にも多数の死傷者を出していた。

しかし、一九六九年十月に米議会でラオスへの越境爆撃が問題化すると、米軍のラオス内戦への介入の度合いは徐々に縮小し、それに伴って内戦の行方はパテト・ラオの優勢へと変わっていった。

これに危機感を覚えたプーマ首相は、一九七〇年三月にパテト・ラオのスファヌボンとの間で和平交渉を開始し、いくつかの予備会談を経て、ベトナム和平協定成立から二五日後の一九七三年二月二十一日に両派の間でラオス和平協定が調印された。

翌一九七四年四月、この協定を踏まえた臨時連合政府が樹立され、新設された政治諮問評議会の議長にはスファヌボンが就任し、閣僚ポストも旧政権とパテト・ラオがほぼ均等に分け合った。首相の座にはプーマが留任したが、ベトナム戦争の行方が北ベトナムの優勢と共に推移すると、それに伴ってラオス国内でのパテト・ラオの発言力も増大し、動乱の時代をくぐり抜けてきたプーマの政治手腕も次第に衰えを見せていった。

一方、ロン・ノルのクーデターによってカンボジアから追放されたシハヌークは、すぐに北京に飛んで一九七〇年三月二十日に周恩来首相と会見し、カンボジアの親米右派政権打倒に協力してくれるよう嘆願した。

周恩来は、協力の条件としてクメール・ルージュの残党と手を結ぶようシハヌークに申し入れ、これを受け入れたシハヌークは五月五日に北京で亡命政権「カンボジア王国民族連合政府（GRUNC）」の樹立を宣言した。

中国という新たな後ろ盾を得たシハヌークは、ロン・ノルからの政権奪回に新たな意欲を燃やし始めていた。だが、周恩来の思惑はシハヌークとは別の所にあった。

中国側の狙いは、前記したシハヌークの弾圧で壊滅状態に陥っていたカンボジア国内のクメール・ルージュを再生し、プノンペンで共産主義政権を樹立させることにあり、シハヌークはその目的を達成するための「人気集めの道具」に過ぎなかったのである。

実際、農村部では依然としてシハヌークの人気は根強く、シハヌークが北京からラジオを通じてクメール・ルージュへの参加を呼びかけると、カンボジアの農民たちはこぞって各地方の左派ゲリラ組織へと加わった。一九六七年には三〇〇〇人ほどだったクメール・ルージュの兵員数は、一九七〇年には六万人を超えるまでに増加していた。

ベトナム和平協定の調印を機に、ロン・ノル政権に対する米軍の支援が縮小され、一九七三年八月に米空軍によるクメール・ルージュへの爆撃が停止されると、カンボジア国内の情勢は一挙に共産主義勢力側の優位へと傾いていった。

そして、ベトナムとカンボジア両国での共産側の優勢を見たラオスのパテト・ラオもまた、それに刺激されて単独政権の樹立を目指すようになり、右派と中道派は次第に連合政府の外へと追いやられていった。

一九七五年一月一日、大量の中国製兵器を装備したクメール・ルージュの軍勢が、カンボジアの首都プノンペンを目指す総攻撃を開始した。

汚職の蔓延と経済政策の失敗で国民的な支持を失っていたロン・ノルは、絶望の中で涙を流しながら四月一日に国外へと脱出し、四月十七日には政府軍の守備隊が壊滅して、プノンペンはクメール・ルージュの手に落ちた。

路上に出てきたプノンペンの住民は、銃を携えたクメール・ルージュの若い兵士たちを歓迎し、腐敗したロン・ノル政権の崩壊を彼らと一緒に喜ぼうとした。

しかし、赤い手拭い（クロマ）を首に巻いたクメール・ルージュの若者にはなぜか笑顔は見られず、住民に対しても何ら共感を示そうとはしなかった。そして、カンボジアの国民は間もなく、自分たちを「解放」した集団の恐るべき実体を知ることになる。

東側陣営での中ソ対立と「第三次インドシナ戦争」

カンボジアのポル・ポト政権の誕生

一九七五年十二月二日、ラオスの首都ビエンチャンで開かれた全国人民代表大会において、十四世紀から続いたランサン王朝の廃止と共和制への移行が採択され、ラオス人民民主共和国の成立と、スファヌボンの初代大統領就任が発表された。

これにより、ラオスの内戦は北ベトナム政府と友好関係にあったパテト・ラオの勝利と共に終結し、ラオスはベトナム型の社会主義国としての新たな第一歩を踏み出した。

しかし、その南隣のカンボジアでは、ラオスと同様に内戦の終結を迎えていたにもかかわらず、平和の到来ではなく、より凄惨な争いの時代を迎えようとしていた。

首都プノンペンを解放したクメール・ルージュの若い兵士は、自分たちの勝利を喜ぶそぶりを見せないばかりか、街頭に出てきた住民を猜疑心に満ちた目で眺めながら、プノンペンの市外へと二四時間以内に立ち退くよう彼らに「命令」したのである。

この、カンボジアの都市住民全員を農村部へ移住させるというアイデアは、クメール・ルージュの指導者ポル・ポトがかねてより計画していた「国家再建計画」の重要なプロセスに位置づけられていた。ポル・ポトらクメール・ルージュの幹部にとって、都市の住民とは革命闘争に参加しなかった怠惰な「不心得者」であり、革命闘争で苦楽を共にした同志たちと同列に扱うに値しない、唾棄すべき存在だったのである。

カンボジアの新たな統治者として登場し、後に大虐殺の中心人物として語られることになるポル・ポトは、本名をサロト・サルといい、フランス留学中の一九四九年に革命思想に心酔してフランス共産党に入党、一九五三年の帰国後はインドシナ共産党のカンボジア支部にも入党して、左派の政治活動に身を投じていた。

一九六三年にシハヌークによる「赤狩り」が始まると、サルは首都プノンペンを離れて地方への潜伏を余儀なくされたが、一九六六年に中国を訪れた彼は、そこで毛沢東による文化大革命[*2]の急進的な改革政策を目の当たりにして、大きな感銘を受けたという。

これ以降、サロト・サルは中国と北ベトナムを頻繁に訪問するようになり、一九七〇年三月にロン・ノルによるクーデターが発生した時にも、彼は北京に滞在中だった。

周恩来は、一九六六年に「カンボジア共産党」を結党していたサルの政治的指導者としての資質に着目し、シハヌークとの表面的な和解を条件にクメール・ルージュに対する全面支援を約束、これを受けたサルは、長年の同志であるイェン・サリやヌォン・チェアらと共に、ロン・ノル政権打倒を目指す武力闘争を五年間にわたって指揮し続けた。

首都プノンペンの解放から五か月が経過した一九七五年九月、シハヌークはクメール・ルージュの盟友としてカンボジアに凱旋帰国したが、自国での「文化大革命」を目指すサルにとっては、もはや人気取りの国王など不要な存在だった。

一九七六年四月一日から十三日にかけて開催された第一回人民代表会議で「民主カンボジア」新政府の国家人事が決定されると、サロト・サル（ポル・ポト）首相、イェン・サリ副首相兼外相、ヌォン・チェア人民代表議会議長などのクメール・ルージュ幹部が要職を独占し、シハヌークとその支持派は新政府の指導部から一掃されてしまった。

＊2　文化大革命＝一九六〇年代半ばから七〇年代半ばまで中国で行われた、大衆を動員した政治運動。「プロレタリア（無産階級）文化大革命」「文革」とも呼ばれる。政敵である劉少奇からの権力奪還を狙う毛沢東が主導し、彼を熱狂的に支持する青少年の集団・紅衛兵を動員して、反毛沢東側とされた政治家、軍人および知識人が投獄・殺害された。この文化大革命によって、中国国内は大混乱に陥った。

悪化の一途をたどったカンボジアとベトナムの関係

自らが支援したクメール・ルージュによって国家元首の地位を奪い取られた哀れなシハヌークに代わり、カンボジアの支配権を完全に掌握したサロト・サルは、首相就任を機に「原クメール人」を意味するポル・ポトを名乗るようになり、中国政府との友好関係を深めながら、独自の理念に基づく国家建設に向けた政策を次々と打ち出していった。

彼らの目指す理想は、国民の全てが米作りに励みながら、素朴な共同生活を営むという「原始共産主義」の実現であり、この理想にそぐわない思想や社会システムは、情け容赦のない実力行使によって次々と社会から抹殺されていった。

政府の決定で貨幣経済が廃止されたことで、紙幣は紙屑となり、近代医療や学校教育も禁止され、クメール王朝以来の伝統を持つ小乗仏教の教えや民族舞踊、音楽、詩の朗読などの上演も厳禁された。地主や資本家はもちろん、旧政府職員や教師、医師、弁護士、科学者など、都市部に住んでいた多くの人々は、その「西洋的文化に毒された知識」を理由に粛清の対象となり、収容所へと連行されていった。

ポル・ポト政権の幹部たちは、このような社会改革の方法論を国の全土で徹底して進めていけば、いずれ彼らの目指す「原始共産主義」の実現に到達できるものと信じていた。そして、彼らの想定したようには物事が進展しないことが判明すると、ポル・ポトはその原因が自分の下した命令や指示した方針ではなく、共産党内部の「敵」や「裏切り者」にあると断定し、粛清の矛先を地方の党幹部らにも向け始めた。

しかし、こうした彼の頑なな行動は、各地方の行政システムをさらに混乱させる結果となり、カンボジアの国力は見る見るうちに衰退していった。

一方、かつてクメール・ルージュと共に反米闘争を戦って勝利を収めたベトナムでは、隣国カンボジアで進行している急進的な国家改造政策に対する警戒感が強まっていた。

ベトナムは、一九七二年二月のニクソン訪中を機に中国との関係を悪化させ、代わりに中国と対立関係にあるソ連への依存を深めていたが、もしカンボジアの国家再建策が成功して親中国の強国に生まれ変わったなら、北東と南西の両側から中国・カンボジア連合軍によってベトナムが挟み撃ちにされることも有り得ると考えられたからである。

このような疑念は、ベトナムとカンボジアの国境に位置する小島で発生していた領有権争いの激化と中ソ関係の悪化によって、より現実的なものとなっていった。

ベトナム戦争とカンボジア内戦が終結した一九七五年以降、カンボジアとベトナムの両軍はタイランド湾の小島の領有権を巡って小競り合いを続けていたが、一九七七年四月三十日に本土の国境地帯でカンボジア側からベトナム領内への大規模な越境攻撃が発生すると、ベトナム共産党はカンボジアのポル・ポト政権を国の安全を脅かす現実的な脅威と見なして、軍事的対決の準備を進めていった。

ベトナム軍のカンボジア侵攻作戦

カンボジアのポル・ポト政権もまた、同様にベトナム戦争が終結した一九七五年頃からベトナムを「自国の安全を脅かす存在」と見なし始めていた。

ベトナム共産党が「インドシナ共産党」と呼ばれていた時代から、ベトナムの共産主義勢力の指導部は、ラオスやカンボジアの将来にまで言及することが多かった。そのため、ポル・ポト政権は祖国統一を成し遂げたベトナムが、次には「インドシナの統一」という野心を持って自国に侵攻してくるのではないかと恐れたのである。

一九七七年七月十八日、ベトナムが隣国ラオスとの間で期限二五年の友好条約を締結し、ベトナム軍五万人のラオス駐留を認めさせると、ベトナムの影響力拡大に危機感を覚えたポル・ポトは、同年九月に北京を訪問し、ベトナムと戦争になった場合の全面的支持を、毛沢東の後継者である華国鋒《かこくほう》党主席兼首相に要請した（毛沢東は一九七六年九月九日に死去）。

この動きを見て、中国の軍事介入を危惧したベトナム側は、カンボジア側を和平交渉のテーブルにつかせる目的で、同年十二月に大兵力をカンボジアとの国境に展開し、大規模な越境攻撃を実施させた。ところが、この越境攻撃は「和平交渉を念頭に置いた脅し」というベトナム側の思惑とは裏腹に、カンボジアに対する全面対決のシグナルとしてポル・ポト政権に受け取られてしまう。

ラオスとカンボジアの両国は、交戦国ではなかったにもかかわらず、インドシナ戦争とベトナム戦争という２つの戦争の影響を受け、その後も大きな混乱が生じ続けることとなった。

十二月二十五日、ポル・ポトはベトナムとの国交断絶を宣言し、クメール・ルージュの軍隊を東部国境地帯へと集結させ、ベトナム領内への報復の越境攻撃を繰り返し実施させた。双方の背後に控える中ソ両国の恒常化した対立構造を考えると、もはや外交交渉による問題解決は絶望的と言えた。

カンボジアとベトナムの国交断絶からちょうど一年後の一九七八年十二月二十五日、ベトナム軍の計一四個師団に所属する一〇万人の兵力が、国境を越えてカンボジア領内への侵攻を開始した。

第三次インドシナ戦争とも呼ばれる、「ベトナム＝カンボジア戦争」の始まりである。

大量のソ連製ヘリコプターと航空機に支援されたベトナム軍の地上部隊は、各地で中国製兵器を装備したカンボジア軍を撃破して進撃を続け、侵攻開始から八日が経過した一九七九年一月一日には、プノンペンでもベトナム軍の砲声が聞こえるようになった。

追いつめられたポル・ポトは、一九七六年四月の失脚以来、軟禁状態に置いていたシハヌーク元国王を再び利用することを思いつき、一月五日に彼を自分の住居に招いて「北京経由で国連に出向いて、ベトナムとソ連の暴挙を全世界に訴えてほしい」と要請した。

そして、シハヌークを乗せた飛行機が一月六日にプノンペンを飛び立つと、ポル・ポト政権の幹部たちは二機のヘリコプターに分乗して、西の方角へと脱出した。

ソ連邦崩壊による冷戦終結とインドシナ半島での戦乱の終息

中越(中国・ベトナム)戦争とカンボジア亡命政権の樹立

一月七日、ベトナム軍はプノンペンをほぼ無血で占領し、彼らと共に首都へと入った約二万人の親ベトナム派カンボジア人勢力は、翌八日に元カンボジア東部地方参謀副長のヘン・サムリンを指導者とする新政権「カンボジア人民共和国」の樹立を宣言した。ヘン・サムリンは、翌二月にベトナムとの間で友好条約や経済協定を調印、これによってカンボジアは事実上ハノイのベトナム政府の支配下へと入った。

このような事態の展開を見て、ベトナムとその背後のソ連に対する猜疑心を強める中国政府が黙っているはずもなかった。

中国側は、ベトナム軍のカンボジア侵攻を事前に予想しており、侵攻前月の一九七八年十一月には共産党副主席の汪東興《おうとうこう》がプノンペンを訪問して、ベトナム軍の侵攻が始まったら首都をいったん放棄して、ゲリラ戦を開始するようアドバイスしたとも伝えられる。

そして、ベトナム軍のカンボジア制圧から一か月半が経過した一九七九年二月十七日、約八万五〇〇〇人の中国軍部隊が三か所で国境を越えて、北部ベトナム領内へと侵入した。後に「中越戦争」と呼ばれることになる、新たな限定戦争の勃発である。

この中国軍によるベトナム攻撃は、名目的にはベトナムのカンボジアへの拡張主義に対する「懲罰」という名目で行われたが、その背景にはベトナム国内に住む華僑（中国系市民）に対するベトナム政府の経済的締め付けや、中国人民解放軍の内部で進められていた軍の改革など、いくつも政治的要素が存在していた。

国境を越えてベトナム領内へと入った中国軍に対し、北部国境に配備されていた約六万人のベトナム軍は頑強に抵抗して、中国軍の進撃を各地で食い止めることに成功する。ベトナム軍の予想以上の反撃に遭遇した中国軍は、三月上旬に兵力を中国領内へと撤退させたが、中国―ベトナム国境ではこれ以降も、小規模な武力衝突が繰り返し発生した。

一方、首都を放棄してカンボジア西部に脱出したポル・ポト派の勢力は、中国からの武器援助を受けながら、タイとの国境沿いのジャングルに拠点を構えて、長期的なゲリラ戦を行う態勢づくりを進めていった。

だが、敗走同然に重火器を捨てて密林に逃げ込んだクメール・ルージュの残兵には、過酷な対米戦で鍛え上げられたベトナム軍に正面から反撃を加えられるほどの実力はなく、カンボジア領の大半はそれ以降もベトナム軍およびその傀儡であるヘン・サムリン政権によって支配され続けた。そして、ベトナム政府はポル・ポト政権時代のカンボジアで数百万人におよぶ人々が虐殺されたと宣伝し、その残虐な圧制を国際世論に訴えた。

ところが、アメリカや日本など、東西冷戦で「西側」に属する各国は、そのようなベトナム側の宣伝を無視して、かつて米軍を苦しめたベトナムの「敵」であるポル・ポト派に支援の手を差し伸べる道を選んだ。

ベトナムの拡張主義とは、すなわち「ソ連の拡張主義」に他ならず、そのような脅威と戦うポル・ポト派は自由主義諸国の「味方」であると考えられたからである。

こうして、「反ソ連・反ベトナム」という点で利害の一致をみたアメリカと中国は、プノンペン脱出後は北京に滞在していたシハヌークを再び表舞台に呼び戻すことで合意し、ポル・ポト派勢力とシハヌーク派の「民族主義連合」、そして数年前には両者の「敵」であった旧ロン・ノル政権の右派勢力「カンボジア民族解放戦線」を含んだ反ベトナムの連合政権「民主カンボジア連合政府」を一九八二年六月二十二日にタイで樹立させた。

こうして、ベトナムとカンボジアの相互不信が原因で勃発したカンボジアの内戦は、国際情勢のうねりに呑み込まれて、東西冷戦の代理戦争という形で継続していった。

そして、国土の大半を地雷で埋め尽くしたこのカンボジア人同士の戦いは、一九八〇年代末の「冷戦終結」を迎えるまで、容赦なく人々の命を奪い続けていったのである。

殺戮の野（キリングフィールド）

一九九一年十月二十三日、カンボジア人民共和国政府と反ベトナム三派連合の各代表者がフランスのパリで和平協定に調印し、一〇年以上にわたるカンボジア内戦に一応の終止符が打たれた。

この協定で、カンボジアは一九九三年に総選挙を実施するまでの間、国連事務次長の明石《あかし》康《やすし》を代表とする国連カンボジア暫定統治機構（ＵＮＴＡＣ）の管理下に置かれることとなり、一九九二年二月には日本の自衛隊員約七〇〇人を含む二万二〇〇〇人の国連要員が荒廃したカンボジアの地へと派遣された。

失脚したヘン・サムリンの後任者フン・セン首相を指導者とするカンボジア人民共和国政府が、三派連合との和平交渉に応じた背景には、一九八〇年代後半から九〇年代にかけて顕在化した、東側の超大国・ソ連の国力低下という外的要因が存在していた。

ベトナム戦争が戦われた一九七〇年代、ソ連はアメリカとの東西冷戦を展開する上で、ソ連海軍の軍艦が自由に寄港できる太平洋沿岸の軍港を強く欲していた。そして、アジア有数の良港として知られるベトナムのカムラン湾の無償使用権を、戦争中の膨大な武器援助の見返りとして一九七九年五月に獲得したクレムリンは、このソ連太平洋艦隊の重要な海外拠点を保持する意図もあって、ベトナム政府のカンボジアに対する拡張政策を背後から支援し続けてきたのである。

　ところが、一九八五年にゴルバチョフが党書記長に就任して、東西冷戦の終結をも念頭に置いた諸制度の改革（ペレストロイカ）政策を推進し始めると、ソ連から「東側」諸外国への軍事・経済援助は大きく削減された。これにより、一九八〇年には一億三〇〇〇万ドルもの援助をソ連から受けていたカンボジア人民共和国政府は、国内の不作と内戦に費やされる膨大な戦費によって経済的な危機に直面することとなったのである。

　しかし、現実離れした理想を追求するポル・ポト派が、他の勢力との政治的妥協を図れるはずもなく、国家体制としてのソ連邦の崩壊（一九九一年十二月二十六日）から一年半後の一九九三年五月二十三日に実施された総選挙をボイコットしたポル・ポト派は、再び西部のジャングルに引きこもって、ゲリラ闘争を開始してしまう。

　総選挙の結果、同年九月二十四日に成立したカンボジア王国政府は、一九九四年七月にポル・ポト派の非合法化を法令として定め、三万人の兵力を擁するポル・ポト派の残党は新生カンボジアの反政府勢力として摘発の対象となった。

　一方、カンボジア和平の実現と東西冷戦の終結と共に、国際社会はポル・ポト派が政権を握っていた時期に行った自国民に対する大規模な迫害政策にも目を向け始めた。

　ポル・ポト政権の杜撰な食糧政策によって人々は飢餓に直面し、また近代医療の否定は本来なら助けられたはずの数多くの病人を死に追いやる結果となった。

ポル・ポト政権は、カンボジアで根強く信仰されてきた仏教的価値観に基づく慈悲の感情を「社会変革の障害」と見なして全否定し、政治的理由による粛清や公開処刑も日常的に行わせた。無垢な子供たちを家族から引き離して、党の監督下で残酷な処刑者として訓練し、党組織（オンカー）が「敵」と見なす大人たちをこの世から抹殺させた。

最終的にポル・ポト政権下で命を落とした人間の数は、一〇〇万とも一五〇万ともいわれており、一九九七年六月二十一日にはカンボジア政府が、ポル・ポト政権時代の大量虐殺の責任を問う国際法廷を開設するよう国連に要請した。しかし、この国際法廷の実現を見ないまま、当のポル・ポトは一九九八年四月十五日にタイとの国境地帯で病死し、それと共に武装勢力としてのポル・ポト派は事実上解体されたのである。

東西冷戦の最大の犠牲者

カンボジア国内では、その後も政権内部での権力闘争は続き、一部では武力衝突も発生したが、かつてのように大国の介入を招くこともなく次第に沈静化し、激動の生涯を生きたシハヌーク国王（二〇一二年に死去）の下で、人々は荒廃した祖国の再建に邁進した。

一九九五年七月にアメリカとの国交を回復したベトナムでは、二〇〇二年五月三日にロシア軍の最後の部隊がカムラン湾を後にして軍港施設の返還を完了しており、地元カインホア省は同地の港湾と空港を民生用に転換し、経済開発の拠点として利用している。ベトナム政府は、世界各国の軍艦がカムラン湾に寄港することも許可しており、アメリカやフランス、インド、中国の軍艦に加え、日本の海上自衛隊の艦船も寄港地としている。

第二次世界大戦の終結から約五〇年にわたって続いたインドシナの戦乱は、二十一世紀に入ってようやく終息し、メコン川の両側に広がる農村では、竹笠をかぶった農民たちがのどかな暮らしを営んでいる。だが、彼らがその平穏な生活を取り戻すために支払った代償は、あまりにも大きなものだった。

戦争の犠牲者数は常に概算としての意味しか持たないが、インドシナ戦争とベトナム戦争、ラオス内戦、カンボジア内戦、中越戦争で死亡した人数の合計は、ある研究者の算出によれば四百万人以上にのぼると見られている。

そして、この数字には地雷で手足を失った人々、枯れ葉剤の影響で健康を害した人々、生涯消えない心の傷を受けた人々、国外に脱出した難民などは含まれていない。

果たして、その犠牲者の数は避けられないものだったのか。国内の権力闘争はやむを得ないとしても、もし東西冷戦という外的要因が個々の内戦に介在しなかったとしたら、恐らく死者の数はその数分の一に抑えられていたに違いない。

一般には、米ソの二超大国の核兵器の脅威や、ヨーロッパを分断した「鉄のカーテン」がイメージされることの多い東西冷戦という概念だが、それがもたらした政治的・軍事的影響に目を向けてみれば、冷戦の最大の犠牲者となったのは、紛れもなくインドシナ半島に住む人々だったことがわかる。

二十世紀の後半期における地球上を支配した、東西冷戦という名の政治構造。インドシナの人々は、大国によって構築されたその枠組みの中で、メコン川流域の肥沃な大地を戦場に変えながら、子供から老人まで、五〇年にわたって血を流し続けたのである。

あとがき

最近、メディアで「世界は分断されている」というフレーズを頻繁に見かける。ネットのSNSを活用（または悪用）して行われる、意見の相違を「対立と分断」にエスカレートさせる風潮などを表す表現だが、いま五〇歳以上の人々は、おそらく「世界は分断されている」というフレーズを見て、既視感に襲われることだろう。

二十世紀後半の国際社会においても、この言葉は頻繁に使われていたからである。ただし、当時は「東西冷戦」の構図で二分された地球上の状況を示す慣用句だった。

第二次世界大戦後に続々と独立を果たした、東南アジアやアフリカの国々も含め、当時の独立国の多くは、アメリカを盟主とする「西側」の「自由主義陣営」と、ソ連を総本山とする「東側」の「社会主義陣営」のいずれかに属し、政治的対立と軍事的緊張のスクラムを構成する一メンバーとなった。

そして、東西対立の最前線に位置した一部の国々では、アメリカとソ連および中国の戦略的利益に振り回される形で「代理戦争」が発生し、同じ民族が二つに分断されて争うという悲劇的な光景も珍しくはなかった。

だが、旧ソ連の衰退によって東西冷戦が終結したあと、地球上に恒久的な平和が訪れることはなかった。かつての「西側」の盟主だったアメリカは、二十一世紀に入ると、イスラム過激派やそれを支援する国との戦争に足を踏み入れ、終わりが見えない状況にある。また、中東やアフリカでも、大国の政治的および経済的利益に翻弄される形で戦乱の時代を続けることを強いられる国が少なくない。

世界の分断は、大国の政治的および経済的利益の追求によって引き起こされる。その典型例が、二十世紀後半の東西冷戦とその枠内で発生した代理戦争だったのである。

本書で紹介したのは、東西冷戦期の始まりと、東アジア・東南アジアでの代理戦争およびその前後の内戦や政治的紛糾だが、個々の代理戦争は大国の利害と関わる形で発生し、その終結も大国の利害によって邪魔されるケースがいくつも存在した。朝鮮戦争もベトナム戦争も、当事者ではない大国の政治的思惑が存在しなければ、史実より早期に終結していた可能性が高い。

戦争や紛争を単純化して、愛や善意があれば廃絶できるかのように語る意見もあるが、実際の歴史が厳然と教えているのは、その発生原因や「収束が遅れる原因」の多面性と多層性であり、そうした複雑な全体像の理解を抜きにしては、廃絶どころか次なる戦争や紛争の開始を遅らせることすら難しくなるだろう。

東西冷戦期に発生した戦争や紛争、政治的紛糾は、本書で紹介した以外にも数多く存在する。一九六二年十月に発生した米ソ核戦争の危機「キューバ危機」や、ニカラグアの内戦、ソ連軍のアフガニスタン侵攻とそれに対抗するイスラム武装勢力へのアメリカの武器援助（後に九・一一へと続く因縁となる出来事）、東西ベルリンの統治境界線に出現した「ベルリンの壁」とその崩壊、そして東西冷戦の終焉を決定づけたソ連邦の崩壊などだが、それらについては本シリーズ続刊『憎しみの壁の崩壊（仮）』で扱う予定である。

最後に、アルタープレス代表の内田恵三氏と、担当編集者の小林直樹氏、本書の編集・製作・販売業務に携わって下さったすべての人に対して、心からの感謝の気持ちと共に、お礼を申し上げておきたい。

そして、本書を執筆するに当たって参考にさせていただいた全ての書物の著者・訳者・編者の方々にも、敬意と共にお礼を申し上げたい。

２０１９年10月

山崎雅弘

主要参考文献

＊複数章で使用したものは重複を避け、初出のみ記載

第一章

石本泰雄『国際連合の成立と展開』（岩波講座「世界歴史29」所収）１９７１年　岩波書店
外務省条約局第二課『一般的國際機構ニ關スル米、英、蘇、支（重慶）會談（ダンバートン、オークス會談）』１９４４年
加藤俊作『国際連合成立史』２０００年　有信堂
アルチュール・コント（山口俊章訳）『ヤルタ会談＝世界の分割』１９８６年　サイマル出版会
藤村信『ヤルタ・戦後史の起点』１９８５年　岩波書店
西崎文子『アメリカ冷戦政策と国連　１９４５―１９５０』１９９２年　東京大学出版会
チャールズ・ミー（大前正臣訳）『ポツダム会談』１９７５年　徳間書店
横田喜三郎『國際聯合の研究』１９４７年　銀座出版社

第二章

石井修編『１９４０年代ヨーロッパの政治と冷戦』１９９２年　ミネルヴァ書房
斎藤勉『スターリン秘録』２００１年　産経新聞社
ハリー・トルーマン（堀江芳孝訳）『トルーマン回顧録』１９６６年　恒文社
永井清彦『現代史ベルリン（増補版）』１９８４年　朝日新聞社
デヴィッド・ヘラー、ディーン・ヘラー（山田純一、松永和夫共訳）『ベルリン危機』１９６２年　日本外政学会
「Airlift to Berlin」『National Geographic Magazine』May 1949
Michael Haydock『City Under Siege: The Berlin Blockade and Airlift』１９９９年　Brassey's
John Man『Berlin Blockade』１９７３年　Ballantine

第三章

金一勉『韓国の運命と原点　米軍政・李承晩・朝鮮戦争』１９８２年　三一書房
金学俊（李英訳）『北朝鮮五十年史』１９９７年　朝日新聞社

金学俊（Hosaka Yuji訳）『朝鮮戦争　原因・過程・休戦・影響』２００６／２００７年　論創社
朱建栄『毛沢東の朝鮮戦争』２００４年　岩波現代文庫
瀬田宏『朝鮮戦争の六日間　国連安保理と舞台裏』１９８８年　六興出版
『朝鮮戦争（上・下）』（歴史群像シリーズ60、61）１９９９年　学研
塚本勝一『超軍事国家　北朝鮮軍事史』１９８８年　亜紀書房
ジョン・トーランド（千早正隆訳）『勝利なき戦い（上・下）』１９９７年　光人社
A・V・トルクノフ（下斗米伸夫・金成浩訳）『朝鮮戦争の謎と真実』２００１年　草思社
デイヴィッド・ハルバースタム（山田耕介・山田侑平訳）『ザ・コールデスト・ウインター　朝鮮戦争（上・下）』２００９年　文藝春秋
平松茂雄『中国と朝鮮戦争』１９８８／１９８９年　勁草書房
彭徳懐（田島淳訳）『彭徳懐自述』１９８４年　サイマル出版会
葉雨蒙（朱建栄、山崎一子訳）『黒雪　中国の朝鮮戦争参戦秘史』１９９０年　同文館
陸幹校（旧陸大）戦史教官執筆、陸戦史研究普及会編『朝鮮戦争（１）〜（10）』１９６６〜１９７３年　原書房
マシュウ・B・リッジウェイ（熊谷正巳、秦恒彦共訳）『朝鮮戦争』１９７６／１９７７年　恒文社
和田春樹『朝鮮戦争』１９９５年　岩波書店
白善燁『若き将軍の朝鮮戦争』２０００年　草思社

第四章

石井米雄監修『ベトナムの事典』１９９９年　同朋社／角川書店
木村哲三郎ほか『東南アジア現代史』１９８２／１９８９年　有斐閣
ジェラール・レ・クアン（寺内正義訳）『ボー・グェン・ザップ』１９７３年　サイマル出版会
レイ・タン・コイ（石沢良昭訳）『東南アジア史』１９７０／１９８９年　白水社
小山房二『ホー・チ・ミン　ベトナムの魔術師』１９６６年　東都書房
ボー・グェン・ザップ（加茂徳治訳）『ビェット・バックの山々』１９７２年　日本青年出版社
渡辺正之・坂本聡三共著『ベトナム革命戦争史』１９７６年　鹿砦社
Martin Windrow, Wayne Braby 共著『French Foreign Legion』１９８５年　Osprey Publishing

第五章
小倉貞男『ドキュメント　ベトナム戦争全史』１９９２年　岩波書店
ガブリエル・コルコ（陸井三郎監訳）『ベトナム戦争全史』２００１年　社会思想社
マービン・カルブ・バーナード・カルブ共著（高田正純訳）『キッシンジャーの道』１９７４年　徳間書店
ヘンリー・キッシンジャー（鈴木康雄ほか訳）『キッシンジャー秘録』１９８０年　小学館
鹿沢剛『中国・ベトナム関係』１９７８年　教育社
アーネスト・スペンサー（山崎重武訳）『ベトナム海兵戦記』１９９０年　大日本絵画
バン・ティエン・ズン（世界政治資料編集部訳）『サイゴン解放作戦秘録』１９７６年　新日本出版社
谷川榮彦編著『ベトナム戦争の起源』１９８４年　勁草書房
『ＮＡＭ　狂気の戦争の真実』１９９０年　同朋社
ニューヨークタイムズ編（杉辺利英訳）『ベトナム秘密報告（上・下）』１９７２年　サイマル出版会
デービッド・ハルバスタム（泉鴻之訳）『ベトナム戦争』１９６８年　みすず書房
デイビッド・ハルバースタム（浅野輔訳）『ベスト＆ブライテスト』１９７６／１９８３年　サイマル出版会
陸井三郎編『資料・ベトナム戦争（上・下）』１９６９年　紀伊國屋書店
James R.Arnold著『Tet Offensive 1968』１９９０年　Osprey Publishing

第六章
井上恭介・藤下超共著『なぜ同胞を殺したのか　ポル・ポト——堕ちたユートピアの夢』２００１年　ＮＨＫ出版
大森 実監修『泥と炎のインドシナ　毎日新聞特派員団の現地報告』１９６５年　毎日新聞社
北沢洋子『東南アジアの叛乱』１９７４年　情況出版
ノロドム・シアヌーク、ジャン・ラクチュール（友田錫訳）『シアヌークは語る　北京から見たインドシナ』１９７２年　サイマル出版会
園田矢『インドシナからの報告』１９８１年　日本放送出版協会
デービッド・チャンドラー（山田寛訳）『ポル・ポト伝』１９９４／１９９８年　めこん
Kenneth Conboy著『The War in Laos 1960—75』１９８９年　Osprey Publishing
Kenneth Conboy、Kenneth Bowra著『The War in Cambodia 1970—75』１９８９年　Osprey Publishing

初出一覧

本書制作にあたって、『歴史群像』（学研プラス刊）に掲載された以下の記事を加筆・改稿のうえ再編集を行いました。

第一章　戦後世界の新秩序と「国連」の誕生
2007年8月84号掲載「国連誕生」

第二章　ベルリン封鎖　1948
2004年2月63号掲載「ベルリン封鎖」

第三章　朝鮮戦争　1950〜1953
2019年4月154号「朝鮮戦争【前編】」
2019年6月155号「朝鮮戦争【後編】」

第四章　インドシナ戦争
2002年8月54号「インドシナ戦争」

第五章　ベトナム戦争　1965〜1975
2002年1月55号「ベトナム戦争〈I〉」
2002年12月56号「ベトナム戦争〈II〉」

第六章　ラオス・カンボジア紛争
2003年2月57号「ラオス・カンボジア内戦」

[著者略歴]
山崎雅弘（やまざき まさひろ）
1967年大阪府生まれ。戦史・紛争史研究家。軍事面だけでなく、政治や民族、文化、宗教など、様々な角度から過去の戦争や紛争に光を当て、俯瞰的に分析・概説する記事を、1999年より雑誌『歴史群像』（学研プラス）で連載中。また、同様の手法で現代日本の政治問題を分析する原稿を、新聞、雑誌、ネット媒体に寄稿。主な著書に『日本会議――戦前回帰への情念』『「天皇機関説」事件』『歴史戦と思想戦――歴史問題の読み解き方』（以上、集英社新書）、『1937年の日本人』（朝日新聞出版）、『［増補版］戦前回帰――「大日本病」の再発』『［新版］中東戦争全史』（以上、朝日文庫）、『中国共産党と人民解放軍』（朝日新書）、『沈黙の子どもたち　軍はなぜ市民を大量殺害したか』（晶文社）ほか多数。
ツイッターアカウント　@mas__yamazaki

戦史・紛争史叢書①
東西冷戦史（一）
二つに分断された世界

2019年12月21日　第1刷発行

著者　**山崎雅弘**
発行人・編集人　**内田恵三**
装丁　**金井久幸**（TwoThree）
本文デザイン　**岩本巧**（TwoThree）
編集協力　**小林直樹**
図版作成　**山崎雅弘**
発行所　**アルタープレス合同会社**
〒185-0014　東京都国分寺市東恋ヶ窪4-8-35
TEL 042-326-4050
FAX 042-633-4712
印刷所　**株式会社シナノパブリッシングプレス**